KB152687

미래는 저녁 8시에 결정된다

미래는
저녁 8시에
결정된다

스치는 시간을
빛나는 기회로 바꾸는
똑똑한 저녁 활용법

한승헌 지음

TORNADO
토네이도

프롤로그

우리는 모두 각자의 세계를 가지고 있다. 강아지는 뛰어난 후각으로 세상을 탐색하고, 돌고래는 초음파로 세상과 소통한다. 새는 하늘을 날면서 다른 동물들과는 다른 높이에서 세상을 바라본다. 이들이 해석하는 세상은 모두 다르다.

그렇다면 우리가 오감으로 해석하는 세상이 진짜일까? 아니, 이것을 따지는 것이 무슨 의미가 있을까? 각자의 세상은 자신에게 특별하게 정의된다.

우리 인간도 마찬가지다. 같은 3차원 세계에서 살고, 비슷한 감각으로 세상을 해석하지만, 각자의 세상은 다르다. 만나는 사람, 사는 곳, 자란 환경, 하는 일 등 수많은 요소가 주관을 형성하고 사람을 만든다. 이 관점에서 보면 우리 모두는 앞서 말한 동물들처럼 고유한 세계를 각자 가지고 있고, 이 세계를 만들기 위해 오늘도 노력하고 있는 것이다.

대부분의 사람들이 사회의 일원으로 하루에 8시간 이상을 일하면서 시간을 보낸다. 그래서 본업은 각자 고유한 세계를 형성하는 데 영향을 준다. 우리는 만나는 사람과 환경에 영향을 받지만, 그중에서도 어떤 일을 하면서 시간을 보내느냐에 따라 가장 많이 좌우되기 때문이다.

자신만의 세계는 점점 중요해지고 있다. '성공'의 정의는 많이 변했다. 과거의 성공이 회사 또는 정부 기관에서 높은 지위와 이에 따른 권력을 갖는 것이었다면, 지금 세대들은 건강하고 행복한 삶을 더 중요하게 생각한다.

그래서 이 책은 자신만의 세계를 찾는 방법에 대해 이야기한다. 자신이 무엇을 좋아하고, 어떤 일을 할 때 행복한지 찾는 여정을 함께하고자 한다.

각자의 고유한 세계는 자신의 선택으로 만들어지는데, 그 선택은 '내가 좋아하는 것'으로 하게 될 가능성이 높다. 그러나 현실에서는 좋아하는 일만 하면서 살기 어렵다. 만약 그 일을 하면서 살게 된다고 하더라도, 본업이 되면 그 일을 계속 좋아하는 것이 쉽지 않다. 그래서 나는 본업과 좋아하는 일의 균형을 잡는 방법을 찾았다. 본업으로 삶의 근간을 만들고, 그 위에 내가 좋아하는 일을 쌓는 것이다. 이 방법을 통해 내가 어떤 사람인지 깨닫고, 나의 세계를 더욱 견고하게 만들 수 있었다.

매일 저녁 8시가 되면, 내가 하고 싶었던 사이드 프로젝트를 시작했다. 퇴근 후 잠들기 전까지 나에게 온전히 집중하고, 내가 하고 싶은 일을 자유롭게 할 수 있었다. 사이드 프로젝트 중에는 성과를 낸 것도 있고 포기한 것도 있지만, 확실한 것은 이 시간을 보내지 않았다면 지금의 나와 완전히 다른 모습이었을 거란 사실이다. 그 시간들이 내 삶의 방향을 바꾸고, 미래를 만들었기 때문이다. 이 과정에서 내가 알게 된 노하우를 공유하고 싶었다.

1장에서는 우리가 왜 자신의 삶을 리드해야 하는지에 대해 적었다. 모두는 각자 인생에서 주인공이다. 남에게 휘둘리는 조연이 아닌 주인공으로 살자는 메시지를 담았다.

2장에서는 사이드 프로젝트를 통해 삶을 바꾼 다양한 경험을 공유한다. 한국에서 직장을 다니면서 미국 유학을 준비했던 이야기, 에어비앤비로 부수입을 만든 사례 등을 소개하고, 그 과정에서 겪는 좌절과 기쁨, 그리고 슬럼프 극복 노하우를 정리했다.

3장에서는 사이드 프로젝트를 진행하기 위한 루틴을 만드는 법에 대해 설명한다. 구글에서 사용하는 OKR 시스템을 일상에 적용해 목표를 세우고, 프로젝트를 체계적으로 관리하는 방법을 소개한다.

4장에서는 사이드 프로젝트를 습관으로 만들어 오래도록 지속할 수 있는 방법에 대해 말한다. 좋은 습관을 만들고, 내 삶에 안착시키는 방법에 대해 배운다.

· 퇴근 후, 저녁 시간을 의미 있게 보내고 싶은가?
· 매일 반복되는 삶의 방향을 바꾸고 싶은가?
· 하고 싶은 일, 좋아하는 일을 하면서 시간을 보내고 싶은가?

이 책을 통해 해야 하는 일과 좋아하는 일의 균형을 찾고, 내가 원하는 방향으로 삶을 이끄는 방법을 배울 수 있을 것이다. 글을 쓰면서 현실적인 이야기를 하고자 노력했다. 꿈과 희망만 가득한 이상적인 이야기가 아니라, 우리의 제한된 조건과 현실을 받아들이면서 미래를 바꾸기 위한 노력에 대해 말하고 싶었다. 이제 가슴속에 품고 있는 곳을 향해 항해를 시작해보자! 결국, 당신이 원하는 곳에 닿길 바란다.

Contents

Chapter 4 ——— 미래는 저녁 8시에 결정된다

Chapter 1

인생의 주인으로
살아가기

소수의 탁월한 사람들은 자신이 하고 싶은 일을 일찍이 찾아 끈질기게 노력한다. 어떤 어려움이 닥쳐도 극복하고, 한 분야에서 최고가 되기 위해 매진한다. 시중에 있는 많은 자기계발서에서는 이런 방식으로 살아야만 풍요로워질 수 있고 성공적인 삶이라고 말한다. 그러나 이 책에서 전하고자 하는 메시지는 조금 다르다.

대다수의 사람들은 자신이 어떤 것을 좋아하는지에 대한 고민보다, 어떤 일을 통해 사회적으로 성공할 수 있을지에 대한 고민이 더 깊다. 그래서 자신의 관심사나 취향보다는 사회, 선생님, 부모님 그리고 다른 사람들이 필요로 하는 일을 선택하는 경향이 있다.

일부 사람들은 그런 삶을 노예에 비유하기도 하지만, 개인적으로 이런 비판은 매우 편협한 시각이라고 본다. 하고 싶은 일, 재미를 느끼는 일을 하면서 수익을 창출하는 것을 넘어 생계를 유지하는 것은 현실적으로 쉽지 않다. 그래서 본업으로 삶의 기반을 마련하고, 나머지 시간에 자신이 원하는 일을 하는 삶의 방식을 추천한다. 원하는 일로 반드시 돈을 벌지 않아도 되고, 실패하더라도 타격감이 낮아서 오히려 더 큰 자유로움과 만족을 느끼면서 할 수 있다.

어린 시절부터 두각을 드러내며 천재 소리를 들으면서 자라지 않은 이상, 직장인으로 사회의 한 파트가 되어 성장하고 자신의 분야에서 성취를 이룬다. 모두가 슈퍼스타가 될 필요는 없다. 나만의 색과 방식으로 삶을 채워 나가면 된다.

어른들은 종종 아이들에게 "커서 뭐 하고 싶어?"라고 묻곤 한다. 일부 아이들은 자신이 대답한 꿈을 현실에서 이루어 내지만, 대다수 아이들은 꿈을 실현시키지 못한다. 그 꿈이 직접 경험하지 않고 상상으로 만들어진 것이기 때문이다. 사실 어린 시절에는 그렇게 꿈을 꾸어야 한다.

어린 시절 꿈이 현실에서 대부분 이루어지지 않는 것처럼, 생각만으로는 내가 무엇을 하고 싶은지 찾기 어렵다. 조용한 카페에 앉아 '나는 무슨 일을 하고 싶은 걸까?' 고민한다고 해결되지 않는다. 자신의 장점과 관심사를 찾으려면 경험해야 한다. 시도하고 실패하는 과정에서 재미와 성취감을 느끼며, 자신을 더 잘 이해하게 된다.

경험하는 과정에서 내가 처음에는 싫어했던 일이 예상과는 다르게 적성에 맞을 수도 있고, 반대로 좋아한다고 생각했던 일이 나와 맞지 않을 수도 있다. 처음부터 좋아하지는 않았지만, 열심히 하다 보니 잘하게 되면서 그 일이 좋아지는 경우도 있다.

나는 대부분의 직장인이 이런 수순을 밟아왔다고 생각한다. 직업을 선택할 때 사회나 타인의 기대에 영향을 받았다고 하더라도, 실력이 늘면 재미가 생기고 이 일로 생계를 유지할 수 있게 된다.

그러나 한편으로는 본업 이외에 하고 싶은 일을 가슴속에 품고 있다. 회사에서 하는 일로 정의되는 내가 아니라, 자신이 하고 싶은 일로 정의되는 나는 어떤 모습인가?

어떤 사람은 자연의 아름다운 모습을 카메라에 담고 싶은 열망이 있을 수 있고, 어떤 사람은 여행에 더 많은 시간을 할애하고 싶을 수 있다. 누군가는 가족과 행복한 시간을 더 보내길 원할 수 있고, 누군가는 그 시간을 영어 공부하는 데 사용하고 싶을 수도 있다.

이 책은 하고 싶은 일이 무엇이든, 그 일을 내 인생에 적극적으로 끌어오는 방법을 담고 있다. 하고 싶은 일을 그저 쳐다보지만 말고, 직접 손을 뻗어 열매를 딸 수 있어야 한다. 하루에 본업을 하는 시간 이외에 원하는 일을 하면 된다. 그 시간이 아무도 간섭하지 않는 시간이라면 새벽이든 저녁이든 상관없다.

하루에 일정 시간을 할애하여 하고 싶은 일을 꾸준히 해보자. 그러면 당신의 미래에 '하고 싶은 일'이 더 깊숙이 들어와 있을 것이다.

만약 시간이 날 때마다 사진 찍는 연습을 한다면, 어느 순간 사람들은 "당신의 사진은 정말 멋지네요"라고 할 것이다. 만약 더 많은 성과를 내고 싶어 업무시간 외에 일을 더 한다면 남들보다 더 빠르게 승진하게 될 것이다. 만약 운동이 좋아서 매일 운동을 한다면 건강한 미래가 당신과 함께할 것이다.

꾸준히 노력과 시간을 투자하면 어떠한 형태로든 결과가 나타난다. 의식적으로 무엇을 할지 선택하고 사용한 시간은 결코 거짓말을 하지 않는다. 이것이 바로 '인생의 주인으로 살아가는 방법'이다.

○ 내가 좋아하는 일을 나도 모를 때 ○

만일 좋아하지 않는 일을 본업으로 하고 있다면, 한탄하는 대신 현실을 인정하고 내가 할 수 있는 일을 선택하면 된다. 이렇게 하면 내가 원하는 방향으로 나아갈 준비를 할 수 있고, 원하지 않는 일로 인생이 가득 차지 않게 된다. 본업이 평탄한 도로를 계속 달릴 수 있게 도와주는 역할을 한다면, 주도적으로 진행하는 사이드 프로젝트는 어느 방향으로 나아갈지를 스스로 결정할 수 있게 해준다.

흔히들 '나는 무엇을 좋아하는 사람일까?'라는 질문에 답하기 위해서는 새로운 것을 다양하게 탐색해봐야 한다고 말한다. 물론 이것도 좋아하는 일을 찾는 데 도움이 될 수 있다. 하지만 내 생각은 조금 다르다. 만약 무언가를 좋아한다면, 이미 그것이 삶의 일부분을 차지하고 있어야 한다. 좋아한다고 말만 하고, 아무것도 실행에 옮긴 적이 없다면 정말 좋아하는 것일까? 만약 좋아한다면 어떤 방식으로든 이미 그것을 하고 있어야 하지 않는가?

자신이 좋아하는 것을 찾고 싶다면 답이 없는 탐색과 고뇌의 시간을 가지기 보다는 자신의 과거를 돌아보기를 권한다. 그 시간 속에는 분명히 당신이 좋아하는 일이 한두 가지는 있다. 무심코 지나쳐왔지만 큰 즐거움을 주었던 일들을 떠올려보고, 그 일을 확장해보는 것이다. 과거에 했던 일 중에서 시간 가는 줄 모르고 했던 일, 그 일에서 성과를 낸 자신을 상상했을 때 가슴이 설레는 일이 있는가?

대학 시절, 전공과 관계없는 소학회와 동아리 활동을 하면서 포스터 만드는 일을 처음 하게 되었다. 정보의 구조를 해석하고 포토샵으로 한눈에 알기 쉽게 표현하는 작업이 흥미로웠다. 때로는 굳이 필요하지 않은 상황에서도 포스터를 만들어 학교 곳곳에 부착했다. 누군가의 지시를 받거나 보수를 위해서가 아닌, 그 일 자체에 푹 빠져 자발적으로 한 일이었다.

동아리 사람들은 포스터를 보면서 어떻게 만들었냐며 칭찬을 아끼지 않았다. 그럴 때면 레이아웃과 폰트를 고민하고 결정한 순간들을 떠올리며 우쭐한 마음이 들기도 했다. 포스터 제작을 하기 전까지는 몰랐지만, 이 일을 하면서 내가 디자인에 관심이 있다는 것을 깨달았다. 책상에 앉아 '나는 디자인을 좋아하는 사람인가?'에 대해 고민했다면 절대 알 수 없는 사실이었다. 좋아하는 일을 파악하려면, 생각에서 시작해 반드시 행동으로 끝나야 한다.

실제로 경험하면서 이 일이 나와 잘 맞는지, 이 일을 할 때 어떤 기분이 드는지, 지속할 수 있는지 등을 느껴봐야 한다. 포스터 제작 경험이 디자이너로 취업하는 직접적인 계기가 되지는 않았다.

그러나 이 경험을 통해 내가 무엇을 즐기고, 어떤 일을 원하는지 알게 되었고, 진로를 선택하는 데 많은 영향을 주었다. 만약 포스터 제작 활동을 하지 않았다면, 전공에 따라 산업공학과 관련된 직업을 선택했을 수도 있다.

사이드로 나만의 취미나 관심 분야를 추구하면, 커리어나 미래의 방향을 결정하는 데 도움이 된다. 어떤 일을 즐기고 열중한다면, 그것이 바로 우리의 미래를 지휘하는 역할을 하게 되는 것이다.

과거를 되돌아보자. 그리고 자신이 무엇을 좋아했는지 한번 탐색해보자. 어쩌면 새로운 것은 필요 없다. 이미 답은 내 안에 숨어 있다. 다만 눈에 잘 띄지 않는 씨앗의 형태로 존재할 뿐이다. 그 씨앗을 찾아 꽃을 피우고 열매를 맺게 하려면 '실행'이라는 영양분을 계속 주입해주는 수밖에 없다. 해보지 않으면 모른다. 경험해 봐야 진짜 그것을 좋아하는지 아닌지 알 수 있다.

사소한 일상은
사소하지 않다

솔직하게 지금 와서 고백하면, 처음 마이크로소프트에 입사했을 때 적응에 어려움을 겪었다. 영어로 의사소통하는 데 큰 문제는 없었지만, 내가 원하는 방향으로 상대를 설득하는 방법을 잘 몰랐다. 평소 영어로 소통하는 것과, 영어로 내 의사를 정확하게 전달하고 다른 사람들을 내 프로젝트에 참여시키는 능력은 전혀 다른 것이었다.

돌이켜 생각해보면, 미국에서 처음 일을 시작할 무렵에는 낯선 환경, 낯선 언어 그리고 다른 문화 속에서 내가 가진 업무 습관이 동료들에게 이상하게 비춰질까봐 걱정하며 자신감을 갖기 어려웠다.

나는 한국에서 일을 하다가 미국으로 왔기 때문에 한국에서 배운 업무 스타일이 몸에 배어 있었다. 한국에서 일을 잘하는 사람의 기준은 '1을 말해도 10을 해내고, 깔끔하게 일을 처리하는 것'이었다. 하지만 미국에서 일을 잘하는 사람은 조직의 움직임에 맞춰서 '내가 이런 일을 하면 도움이 될 것 같은데, 어떻게 생각하세요?'라는 질문을 하며 일을 주도적으로 진행한다.

당시에는 이러한 차이를 인식하지 못하고, 한국의 업무 방식을 유지하면서 일을 맡으면 열심히 해야겠다는 생각만 하고 있었다. 그러나 내 상사는 일을 시키지 않고 계속해서 "넌 무슨 일을 하고 싶니?"라며 묻기만 했다.

미국에서 상사의 개념은 일을 시키는 게 아니라, 아래에 있는 직원들이 일을 잘할 수 있도록 도움을 주는 역할을 하는 사람이다. 상사에게 "내가 이런 일을 하고 있는데 옆 팀에서 도움을 주지 않아서 문제가 생기고 있어요. 이야기 좀 해줄 수 있어요?"와 같이 구체적이고 명확한 의견을 제시할 수 있어야 한다.

이렇게 해야 상사가 움직이고 자신을 관리해주기 시작한다. 미국에서는 단순히 '나에게 업무를 맡겨주겠지'라는 태도를 가지고 있으면 효과적인 의사소통이 어렵고, 소극적인 동양인이라는 인상을 심어줄 가능성이 높다.

한국과는 완전히 다른 미국의 업무 환경을 파악하지 못하고 있던 상황에서, 상사는 내가 신입사원으로 들어온 지 2주 만에 팀을 옮겨 버렸다. 사내에서 내 커리어를 만들어줘야 하는 상사 자리가 공석이 된 것이다. 이제 무슨 일을 해야 할지도 모르겠고, 일을 한다고 하더라도 보고할 사람이 없는 상황이라 막막했다.

다시 2주 후, 엎친 데 덮친 격으로 내 상사의 상사까지 퇴사를 했다. 상사가 공석인 경우 보통 상사의 상사가 그 자리를 대신해주는데, 내 업무를 보고 받아야 하는 사람이 사라졌고, 내 상사가 사라진 후폭풍을 책임져야 하는 사람까지도 사라져 버린 것이다. 그야말로 낙동강 오리알처럼 방향을 잃은 채 둥둥 떠다니고 있었다.

대기업이라는 정글에서 입사한 지 한 달도 되지 않은 신입사원이 혼자서 안착할 수 있는 텐트를 짓는다는 것 자체가 무리였다. 당시에는 미국의 업무 환경에 적응하지 못한 상태였기 때문에 무엇이 옳고 무엇이 그른지를 판단하는 기준을 잡는 것조차 어려웠다.

그렇게 표류한 채 시간을 보내서는 안 됐다. 누구든 붙잡고 '이 사태를 해결해줄 사람을 찾아주세요'라고 동네방네 소문이라도 내서 살길을 찾아다녀야 했다. 사실 지금 와서 그렇게 했어야 한다는 생각이 드는 것이지, 당시에는 어떻게 대처해야 하는지에 대한 감 자체가 없었다. 위에서 어떤 지시가 떨어지기만을 바랄 뿐이었다.

○ 내 인생의 운전대를 잡아라 ○

고민 끝에 팀의 가장 꼭대기에 있는 디렉터(상무 직책)에게 면담을 신청했다. 이 사태를 해결하는 것뿐만이 아니라, 미국에서 내가 커리어를 어떻게 만들어 나가야 하는지에 대한 조언을 듣고 싶었다. 그가 내게 말했다.

"마이크로소프트 내 어떤 팀에서든 원하는 일을 할 수 있다면, 어느 팀으로 옮기고 싶어?"

그 질문을 들은 순간, 나는 얼어버렸다. 한 번도 생각해보지 못한 질문이고, 그게 가능한지 생각조차 해보지 못했다. 팀에 직원을 배정하는 건 리더들의 몫이고, 나는 그 리더들의 결정을 따르면 된다고 생각했다. 나는 아무런 대답도 하지 못했다.

'저를 아무 곳이나 따뜻한 곳으로 보내주세요'라고 생각하는 사람이 어떻게 저런 질문을 생각하고, 질문에 즉각 대답할 수 있겠는가. 내가 원하는 것이 구체적으로 없는 상태에서, 디렉터가 알아서 나를 이끌어주길 바랬던 것이다. 우물쭈물하는 내게 디렉터가 연이어 말했다.

"네가 원하는 곳도, 성장하고 싶은 구체적인 모습도 없는데 내가 어떻게 널 도와줄 수 있겠어? 넌 지금 너의 커리어라는 배 안의 조수석에 있어. 선장에게 '어이, 선장! 우리 좋은 데로 갑시다'라고 말해 놓고 그냥 넌 즐기고 싶어 하지. 그런데 결국 그 커리어의 운전대를 잡아야 될 사람은 너 자신이야. 너가 운전석에 앉아야 한다고. 언제까지 그렇게 조수석에 앉아서 끌려다니기만 할거야?"

책이나 영화에서 한번쯤 접해볼 만한 이야기가 아닌가? '내 삶은 오로지 내 자신에게 달려 있다'는 말이 특별하지 않게 느껴질 수 있다. 그러나 이 이야기가 내 현실과 맞물리면, 단순히 책에 있는 한 구절이 아니라 인생의 중요한 전환점을 만드는 큰 울림으로 다가온다.

면담을 마치고 나오면서 '아, 커리어의 방향키를 직접 쥐고 있는 사람과 그렇지 않은 사람은 완전히 다르겠구나'라는 생각이 들었다. '회사에 내 평생을 바치겠습니다'에서 '회사를 내 평생을 위해 잘 이용하겠습니다'라는 다짐으로 바뀌는 순간이었다. 스스로 어떤 방향으로 가고 싶은지 설정하고, 그 방향으로 가는데 회사를 이용하는 것이다. 회사가 내 커리어에 추진력을 주는 엔진이라면, 그 엔진을 이용해 방향을 잡고 어디로 나아갈지를 결정하는 것은 바로 나 자신이었다.

지금도 '바로 당신이 운전석에 앉아야 한다'라는 메시지를 항상 기억하며 살고 있다. 입사하는 것이 목적이 아니라 '왜 회사에 들어갔는지'가 중요하고, 어떤 팀에 들어가는지 보다 그 팀이 자신의 성장에 '어떻게 도움이 되는지'가 중요하다. 구글 입사 자체가 목표가 되는 것이 아니라, 구글 입사가 내 인생에 어떤 도움이 되는지 알아야 한다는 의미다. 단순히 목적을 지향하기 보다는 그 목적이 인생에서 어떻게 도움이 되는지 생각해보자.

면담 이후 조금씩 변화가 생기기 시작했다. 회사에서 보내는 시간 이외에 내 삶의 방향을 위해서 시간을 투자하기 시작했다.

배를 원하는 방향으로 끌고 나가는 책임은 각자 자신에게 있다. 그 배가 항상 순탄하게 항해할 수는 없다. 폭풍을 마주할 때도 있고, 때로는 해가 뜨고 순풍이 불 때도 있다. 중요한 것은 이런 외부환경을 이용하거나 이겨내면서 원하는 방향으로 나아가야 한다는 점이다. 결국 이 배는 따뜻한 섬에 정박하게 될 것이라는 희망을 가지고 일상을 쌓다 보면, 마치 복리이자가 붙은 은행 잔고처럼 그 보상이 돌아와 더 이상 사소하지 않은 삶을 살게 될 것이다.

일상에 더
만족하는 법

02

가끔 우리는 문제가 생기면 남 탓을 습관처럼 하는 사람을 만난다.

"사회가 나를 이렇게 만들었어."

"친구들이 나를 그렇게 할 수밖에 없는 상황으로 만들었어."

"나는 선생님을 잘못 만나서 이렇게 됐어."

사실 틀린 말은 아니다. 모든 사람은 외부 환경에 영향을 받을 수밖에 없기 때문이다. 그래서 소위 말하는 노-오력을 했다면 성공했을 거라고 말하는 건 성급한 판단이다. 노력했을 때 이룰 수 있는 일이 있지만, 아무리 노력해도 이룰 수 없는 일도 있다.

나는 개인적으로 모든 일에 "너가 열심히 하지 않아서 실패한 거야"라는 말을 별로 좋아하지 않는다. 모든 일은 입체적으로 판단해야 하고, 한 가지 이유로 모든 것이 설명되는 일은 매우 드물다.

환경, 주변 사람들, 거주지, 자신의 노력 등은 현재 상태에 영향을 미친다. 그래서 "열심히 하면 뭐든 이룰 수 있다"는 말에 동의하는 것은 아니지만, "내가 이렇게 된 건 모두 환경 탓이야"라는 말에도 동의할 수 없다. 지금 현재의 상태에 이르게 된 이유를 따지고 보면 수만 가지가 나올 수 있다. 그러나 우리는 단순하게 한두 가지의 이유로 현재의 상태를 설명하려고 한다.

모든 사람은 환경과 개인의 노력 이 양극단의 사이 어디쯤에 위치해 있다. 각자 가치관에 따라, '나는 더 많은 돈을 벌 거야', '난 좋은 디자이너가 될 거야', '난 회사에서 인정받을 거야' 등 생각하는 삶의 방향이 있을 것이다. 때로는 환경과 타인의 영향을 받고 흔들리겠지만, 방향이 뚜렷하면 앞으로 나아갈 수 있다.

삶의 큰 방향을 정했다면, 그 밑을 받치고 있는 일상에 대해서도 생각해볼 필요가 있다. 일상의 순간들이 모여 결국 새로운 방향을 만들어내기 때문이다. 생각 없이, 되는 대로 매일을 보내고 있다면 삶의 방향을 잃게 될 수 있다.

일상에서 우리는 매 순간마다 무엇을 할지 선택한다. 일을 마치고 혹은 퇴근 후, 할 수 있는 일의 선택지는 다양하다. TV를 볼 수도 있고, 개인 프로젝트를 할 수도 있고, 친구들을 만날 수도 있다. 지금 이 책을 덮고 유튜브를 켜서 알고리즘에 자신의 시간을 맡길 수도 있다.

아무 일도 하지 않겠다고 하는 것도 선택이다. 여러 선택지들 중에서 우리가 선택하는 것은 주로 '기분을 좋게 만들어주는 일' 또는 '보람을 느끼는 일'이다. 쾌락을 추구하든 성장을 선택하든 결국 좋아하는 일을 선택할 가능성이 높다.

일상의 선택들이 쌓여 '나'라는 사람이 만들어진다. 그 선택은 의식적으로 내린 선택과 무의식적으로 내리는 선택으로 나뉜다. 우리가 하는 행동들이 모두 자신이 선택한 것처럼 보일 수 있지만, 실제로는 그렇지 않다. 퇴근 후, 습관적으로 TV를 켜고 잠들기 전까지 보는 것과 지친 뇌를 충전하는 등 필요에 의해 일정 시간 TV를 보는 것은 다르다.

모든 행동을 의식적으로 선택하기는 어렵지만, 방향을 가지고 의식적으로 선택하는 일들이 쌓이면 나의 정체성은 점점 확고해진다. 내가 항해하고자 하는 방향으로 배를 이끌 수 있는 힘은 강해지고, 꾸준히 눌러 담은 그 응축된 시간들이 나를 만든다. 일상

의 순간을 의식하고 선택할 때 '아, 이 방향으로 내가 걸어왔구나'
라고 말할 수 있는 것이다.

소소한 선택들을 내가 가고자 하는 방향과 정렬시켜야 한다.
그러면 오늘 한걸음 내일 한걸음이 눈에 보이는 성과를 가져오지
않더라도, 내가 원하는 목표에 조금씩 가까워지고 있다는 것은
분명히 느낄 수 있다.

생각해보자. 일상을 직접 운전하며 목표한 방향으로 향하고
있는지, 아니면 즉흥적인 감정이나 게으름에 몸을 맡겨 큰 방향
과 무관하게 계속 끌려가는지 말이다.

생각하면서 살지 않으면 사는 대로 생각하게 된다고 한다. 일
상을 내가 원하는 방향으로 흘러가게 만들기 위해 노력하고 있다
면 더 이상 사소한 일상은 존재하지 않는다. 일상에서 내딛는 한
걸음이 아무리 작아 보이더라도, 그건 큰 방향으로 나아가고 있
다는 증거이기 때문이다.

○ 현재 모습은 과거의 총합이다 ○

현재 내 모습은 지난 몇 년간 꾹꾹 눌러 담은 사소한 일상의 결

과물이다. 2012년 새로 시작한다는 마음으로 미국에 건너가 2년 동안 석사 학위를 받기 위해 노력했다. 새로운 문화와 언어에 적응하기 위해 노력한 끝에 마이크로소프트에 취업할 수 있었다. 마이크로소프트에서 나를 고용한 주된 이유는 대학에서 2년 동안 수행한 프로젝트 경험이 회사에 가치가 있다고 판단했기 때문이다.

마이크로소프트에서 3년 반을 보낸 뒤에는 디즈니로 이직했다. 디즈니에서 봤던 것은 마이크로소프트에서 3년 반 동안 진행했던 프로젝트였다. 디즈니로 이직할 때는 졸업한 대학의 이름과 대학에서 진행했던 프로젝트 이력은 쓸모가 없었다.

마이크로소프트에 취직을 하기 위해서는 큰 도움이 되었던 프로젝트들이 왜 디즈니 취업 과정에서는 별 도움이 되지 않았을까? 그 이유는 단순하다. 과거 2~3년을 어떻게 보내는지가 내 미래를 결정하기 때문이다. 마이크로소프트에 취업할 때 쓸모 있던 프로젝트들의 유효기간이 이미 지난 것이다.

탑을 쌓은 후 일정 기간이 지나면 새로운 탑 쌓기를 시작해야 한다. 누구나 반짝거리는 탑을 원하지, 여기저기 녹슬어 있는 탑을 원하지 않는다. 오래된 탑은 창고에 들어가 있는 낡은 트로피와 같다.

대학 석사 – 마이크로소프트 취업 – 디즈니 이직을 거치면서 '내 커리어는 내가 주도한다'는 생각이 머리와 마음에 완전히 자리 잡았다. 그리고 디즈니에서 진행한 프로젝트들이 자양분이 되어 현재 다니고 있는 구글로 이직할 수 있었다.

내게 '10년 후에 구글의 부사장이 되겠다'와 같은 목표는 없다. 다만 큰 방향을 잡고 움직일 뿐이다. 몇 년간의 최선들이 모이면 새로운 내 모습을 만들 것이라는 사실을 여실히 알고 있다. 그래서 일상이 소중하게 느껴지고, 이 시간을 허투루 쓰기 싫은 것이다.

여러분의 지금 시간은 어떤가. 자신이 원하는 곳으로 흐르고 있는가 아니면 그곳에 머물러 있는가?

여기서 말하는 '원하는 곳'은 부와 성공에 국한된 것이 아니라, 나는 무엇을 추구하는 사람인지 자신에게 묻고 찾은 답이어야 한다. 다소 추상적일지라도 '나는 다양한 경험을 가진 사람이 되고 싶어', '나는 특이한 취미를 가진 사람이 되고 싶어', '나는 어려운 이들을 돕는 사람이 되고 싶어', '나는 누구 앞에서도 떳떳한 사람이 되고 싶어'와 같이 인생의 방향성에 대해서도 생각해 보았으면 한다.

자신이 나아가고자 하는 방향과 일상을 일치시킬 것인지, 평범한 일상을 보낼 것인지는 자신의 선택이다. 꼭 비범한 성취를 이루어야 한다는 의미도, 매 순간 의미 있는 시간을 보내야 한다는 것도 아니다.

하지만 자신만의 프로젝트를 계획하면서 느끼는 기쁨, 작은 성취에서 오는 보람, 내 삶이 조금씩 더 나아지고 있다는 보람으로 채워지는 인생은 좀 더 풍요롭지 않을까? '나는 이런 사람이다'라는 것을 깨닫고, 하나씩 채워간다면 인생에 대한 만족도를 높일 수 있을 것이다.

가치 있는 시간은
돈보다 위대하다

03

아이든 노인이든, 부자든 가난한 사람이든, 이 세계 어느 지역에 살든 누구에게나 하루 24시간, 1년 365일이 공평하게 주어진다. 그러나 이 시간을 어떻게 가치 있게 활용하는지는 사람마다 다르다. 어떤 사람은 24시간 동안 10만 원을 벌 수도 있고, 다른 사람은 1000만 원을 벌 수도 있다. 이것은 개인의 능력에 따라 결정될 수도 있고, 시간을 어떻게 관리하느냐에 따라 달라질 수도 있다.

먼저, 시간의 정의에 대해 생각해보자. '시간은 돈이다'라는 말은 누구나 알고 있다. 그런데 이 말을 이렇게 한번 바꿔보자.

'시간이 전부다.'

우리는 돈을 재화로 바꾼다. 재화는 어떻게 만들어지는가? 예를 들어 매장에서 10만 원짜리 옷을 구입했다. 이 가격에는 '원단의 가격, 옷을 디자인한 사람의 월급, 옷을 재단하고 제작하는 기계의 원가' 등이 포함되어 있다. 좀 더 쪼개서 보면, 옷을 재단하고 제작하는 기계의 원가에는 '기계를 설계하고 만든 사람의 시간을 보상하는 월급'이 포함되어 있다.

결국 '원가'라는 개념은 다른 사람의 시간을 구입하는 데 필요한 비용이다. 옷 가격은 '옷을 디자인한 사람의 시간, 옷을 만드는 기계를 제작한 사람의 시간 그리고 옷을 배송하는 과정에서 물류 작업을 한 사람의 시간' 등을 감안하여 책정한 것이다.

10만 원짜리 옷을 구입한다고 가정해보자. 이 10만 원은 나의 시간을 들여서 벌어들인 돈이다. 결국 이 옷은 다른 사람들의 시간으로 만들어진 것이고, 나는 시간으로 대가를 지불하고 구매한 것이다.

옷을 구매하지 않고, 직접 시간을 들여 만든다면 돈은 아낄 수 있을 것이다. 그러나 모든 사람에게 주어진 시간은 한정적이고, 수명은 평균적으로 83.3년 정도로 정해져 있다. 내가 옷을 처음 만든다면 일주일 이상이 걸리기 때문에 옷을 하루 만에 만들 수 있는 숙련된 사람에게 위탁하는 분업의 경제가 형성된 것이다. 이렇게 각자 자신이 잘하는 일을 하면 모든 사람이 더 효율적으로 시간을 활용할 수 있다.

이제 '시간이 돈이라는 말', 아니 '시간이 전부라는 말'이 어떤 의미인지 이해되는가? 그런데 '모든 사람에게 동일한 시간이 주어진다'는 공평한 사실과는 대조적으로 불공평한 사실도 있다. '각자 시간의 가치는 동일하지 않다'는 것이다.

예를 들면 옷을 만드는 유명한 디자이너와 수습 디자이너가 있다. 유명한 디자이너는 시간당 20만 원을 받고, 그가 디자인한 옷은 불티나게 팔려 시급 이상의 가치를 창출한다. 반면 수습 디자이너는 1만 원의 시급을 받지만, 그가 디자인한 옷은 잘 팔리지 않아 시급의 가치를 겨우 채운다. 즉, 자신이 얼마나 가치를 창출하느냐에 따라 시간의 가치가 결정된다.

이것을 불공평하다고 할 수 있는 사람은 없다. 유명한 디자이너도 고된 수습 시절을 거쳐 프로젝트에서 많은 성공을 거두었기 때문에 시급이 20배로 올라갈 수 있었을 것이다. 다시 말해, 주어진 시간 안에 얼마나 많은 가치를 창출해낼 수 있느냐에 따라서 몸값이 책정된다.

'시간'과 '돈'에 공통적으로 사용하는 동사가 있다. 바로 '쓴다', '아낀다', '소비한다'이다. 시간을 쓴다와 돈을 쓴다, 시간을 아낀다와 돈을 아낀다, 시간을 소비한다와 돈을 소비한다라는 말을 사용한다. 이 둘은 '한정성'이라는 공통점이 있기 때문이다. 개개인이 가진 한정된 시간을 어떻게 활용하느냐에 따라, 누군가는 미미한 결과를 만들고, 누군가는 수백억 원의 가치를 창출한다.

인생에서 돈이 중요하기 때문에 시간 관리가 필요하다는 의미가 아니다. 시간은 우리에게 돈보다 더 값진 것들을 제공한다. 첫사랑과의 데이트는 돈 이상의 가치가 있고, 노력 끝에 시험에 합격했을 때의 성취감 또한 돈보다 값지다. 이 감정과 경험은 정량적으로 측정하기 어렵기 때문에, 수치로 표현하기 쉬운 돈을 예시로 든 것이다.

결국 이야기의 핵심은 '시간의 가치'다. 우리가 얼마나 가치 있게 시간을 활용하는지가 중요하다. 가치 있는 시간은 '보람, 성취감, 재미, 즐거움' 등 돈보다 위대한 선물을 가져다주기 때문이다.

좋아하는 일과
함께하는 미래

04

자신의 시간의 가치에 대해 고민해본 적이 있는가? 이 문제는 정말 어렵다. 하루 24시간을 모두 활용하여 가치를 만들어 내는 것, 때로는 자는 시간까지 아깝다고 느낄 만큼 눈코 뜰 새 없이 바쁘게 사는 것이 잘 사는 것인가?

어떤 것이 옳고 그르다는 것은 제쳐 두고, 자신의 시간이 얼마나 만족스러운 가치를 만들어 내는지에 대해 생각해보자. 자영업자라면 다른 사람들이 필요로 하는 당신의 시간이 있을 것이고, 회사원이라면 당신의 시간을 회사가 구매하는 셈이다. 취업은 다른 말로 하면 '내 미래의 시간을 하루에 8시간씩 회사에 반납하겠다'는 약속이다. 고용계약서에는 '당신의 능력이 우리 회사에 도움이 될 것 같으니, 당신의 하루 8시간을 공급하시오'라는 내용을 담고 있다.

회사에서 일하는 시간은 정해져 있지만, 개인 시간은 1+1=2처럼 예측 가능하지 않은 면도 있다. '퇴근 후, 2시간을 사이드 프로젝트에 투자해 한 달 후에 100만 원의 수익을 만들 수 있어'라고 장담할 수 없는 것과 같다. 목표 수익을 달성할 수도 있고, 달성하지 못할 수도 있다. 단지, 달성할 수 있다는 희망을 가지고 매진할 뿐이다.

한 달에 수입을 내기는커녕 준비 비용으로 인해 마이너스가 날 수도 있지만, 꾸준히 시간을 투자하다 보면 100만 원이 아니라 1000만 원의 수입도 만들 수 있다. 얼마나 시간을 투자해야 내 시간이 더 가치 있어질 지는 아무도 모른다. 그야말로 꾸준한 베팅이다.

예를 들어 고시에 합격해서 변호사가 되려면 몇 시간을 공부해야 할지는 아무도 모른다. 2년이 걸릴 수도 있고, 10년이 걸려도 낙방할 수도 있다. 영어를 유창하게 하려면 얼마나 공부해야 하는지도 알 수 없다.

공부든 실력이든 인간관계든 인생에서 중요한 건 결코 단박에 이루어지지 않는다. 인생이 계획한 것처럼 흘러가지 않듯이, 시간의 가치를 올리는 것 역시 마음먹은 대로 되지 않는다. 우리가 할 수 있는 일은 믿음을 가지고 꾸준히 시간들을 쌓아나가는 것밖에 없다.

일반적으로 학교를 졸업하고 취업을 준비한다. 회사에서 좋은 성과를 내면, 더 높은 가치를 인정받아 다른 회사로 이직할 수 있는 기회가 생긴다. 새로운 회사에서도 프로젝트를 성공시키면 승진을 하고 몸값도 높아진다.

결국 '내 시간이 가치가 있었어'라고 깨닫는 순간은 다음 단계에 있는 이해 관계자에게 인정을 받았을 때다. 성과를 냈을 때 동료 또는 상사로부터 '그래, 넌 조금 더 가치 있을 일을 할 수 있겠어'라는 인정을 받을 때 시간의 가치가 올라가게 된다. 혼자서 아무리 '내 시간의 가치는 10만 원입니다'라고 외쳐봤자 내 시간을 10만 원에 사줄 사람이 없으면 아무 소용이 없다.

회사에서 보내는 시간이든 개인이 만든 시간이든, 그 가치를 올리기 위해서는 꾸준함이 있어야 하고, 하기 싫어도 밀고 나가는 집념이 필요하다. 만약 그 과정에서 재미를 느낀다면 더할 나위 없이 좋을 것이다.

○ 매일 2시간의 힘 ○

시간은 누구에게나 공평하게 주어지지만, 그 시간으로 무엇을 얻을지는 자신이 결정하는 것이다. '무엇을' 얻고 싶은지에 대한 기준은 사람마다 다를 수 있다. 연봉을 올리는 데 친구들과 보내는 시간, 취미 활동, 여행 등이 즉각적으로 영향을 주지는 않는다. 그렇다면 이런 시간들은 인생에 불필요한 것인가?

그렇지 않다. '해야 하는 일'과 '하고 싶은 일'의 균형이 필요할 뿐이다. 만일 해야 하는 일보다 하고 싶은 일에 더 많은 시간을 할애할 수 있는 환경이라면, 행복의 1단계는 달성했다고 볼 수 있다. 그래서 나는 시간을 가치 있게 사용해야 하는 이유를 '하고 싶은 일을 자유롭게 할 수 있는 환경을 구축하기 위해서'라고 생각한다.

우리는 하루에 보통 8시간을 일한다. 그 시간조차 자신이 하고 싶은 일을 하면서 보낸다면 그만큼 축복받은 사람은 없을 것이다. 이러한 경우가 아니라면 '해야 할 일'을 하는 시간을 제외하고, 나머지 시간을 '하고 싶은 일'로 채울 수 있다면 삶이 훨씬 풍요로워질 것이다.

'하고 싶은 일'을 할 때는 꼭 생산적일 필요는 없다. 밥이 나오지 않아도 괜찮고, 수익과 연결이 되지 않아도 괜찮다.

하고 싶은 일이 TV 시청과 게임이라면 그것도 좋다. 당신의 미래에 편안함이 함께할 것이다. 매일 저녁 자녀들과 함께 시간을 보낸다면 화목한 가정을 만들 수 있을 것이고, 매일 저녁 여행을 알아보고 있다면 곧 여행을 가게 될 것이다. 중요한 것은 내가 의지를 가지고 그 시간에 무엇을 할지 선택해야 한다는 점이다.

매일 저녁 2시간을 투자해 자신만의 프로젝트를 진행한다면 미래에 크든 작든 성과가 날 것이고, '하고 싶은 일'이 일상에 깊이 들어와 다른 사람들에게 "저 친구는 그걸 참 잘해"라는 소리를 듣게 될 것이다.

내가 좋아하면 더 깊게 각인되고, 그 어떤 소리보다 선명하게 들려온다. 눈이 더 크게 떠지면서 임하는 자세부터 달라진다. 매일 8시간씩 시간을 보내는 일(직장)을 제외하고 자신을 누군가에게 설명하기 힘든 것처럼, 매일 자신이 선택해 만든 2~3시간 역시 삶에 깊숙이 자리하게 될 것이다.

'좋은 삶이란 무엇인가'에 대해 각자가 답해보자. 모두의 대답은 다르겠지만, 나에게 좋은 삶은 '하고 싶은 일을 언제든 자유롭게 할 수 있는 삶'이다. 여행을 가고 싶다면 떠날 수 있어야 하고, 가죽 공예에 관심이 생겼다면 시행할 수 있는 삶을 꿈꾼다.

해야 하는 일을 통해 여유를 얻고, 하고 싶은 일에 매진할 수 있는 환경을 만들자. 시간의 가치를 올려 조금씩 여유가 생기면 관심 있는 일을 시작할 수 있다.

시간은 끊임없이 흐르고, 미래는 다가오고 있다. 좋아하는 일과 함께하는 미래를 만들고 싶은가 아니면 현재 상태에 머물러 있고 싶은가. 가능성은 당신을 기다리고 있고, 시작은 당신의 마음에 달려 있다.

망설임을 뒤로하고
일단 시작하는 법

한국의 교육과정은 초등학교 - 중학교 - 고등학교를 거쳐 대학교를 졸업하고 이후, 선택적으로 석사 혹은 박사 코스를 밟기도 한다. 고등학교까지는 최소 수십 년 또는 그 이전에 발견되어 검증된 기본지식을 습득하는 단계이고, 석사 과정은 최근 몇 년 동안 발전한 지식을 학습하고 응용하는 단계이며, 박사 과정은 현재의 지식을 배워 확장하고 자신만의 연구를 통해 학문에 기여하는 단계다. 박사 과정을 완료한 경우 '전문가'라는 타이틀로 사회에 나가게 된다.

과거에는 대학 졸업만으로도 취업이 상대적으로 쉬웠다. 그러나 미국에서는 학력보다 다른 요소들을 더 중요하게 보기 시작했다. '대학 간판'의 중요성이 점점 낮아져 소위 명문대를 다니다 중퇴한 경우 졸업생보다 더 특별해 보이는 효과까지 얻게 되었다. 얼마나 자신만의 일을 하고 싶고 자신을 믿었으면 어렵게 들어간 명문대를 박차고 나왔을까 하면서, 그 실행력을 높게 평가하는 것이다.

회사에서 직원을 뽑을 때도 '어느 학교 나오셨어요?'라는 질문보다 '디자인 포트폴리오부터 봅시다'라는 요청이 일반적이다. 과거에는 어느 대학을 나왔는지 보고 '고급 지식을 배웠겠구나'라고 추측했다면, 현재는 포트폴리오를 보고 '이 지원자가 지식을 어떻게 활용하는지' 파악하려는 것이다. 지식을 배우는 것도 중요하지만, 그 지식을 어떻게 실행하고 활용하는지가 더 중요해졌다.

대학이라는 상아탑에 가려져 접근하기 어려웠던 지식이 이제는 모두에게 열려 있다. 영상 편집부터 피아노 연주까지 인터넷으로 검색하면 체계적인 커리큘럼과 내용을 찾아볼 수 있다. 웹사이트 마스터 클래스(https://www.masterclass.com)에서는 세계적인 스타셰프 고든 램지가 요리를 가르치고, 첼로 연주가 요요마가 음악을 가르친다. 이외에 논문을 비롯한 깊이 있는 보고서와 지식들도 구글 학술검색에 모두 공개되어 있다.

지식의 평등화는 이미 이루어져 있다. 지금은 배우기 가장 좋은 때다. '학교에 가야만 배울 수 있다'는 주장은 구시대적인 말이 되었다. 학교에 가지 않더라도 모든 지식과 기술을 습득할 수 있다. 아니, 자신이 부족한 부분을 집중적으로 배울 수 있어 스스로 찾아 배우는 것이 더 효율적인 방법일 수 있다. 따라서 중요한 것은 '무엇을 배우고 싶은지와 그것을 어떻게 활용할 것인지'이다. 현재 당신에게 필요한 것은 무엇인지, 세상에서 무엇이 궁금한지 생각해보자.

학교에서 배워야 할 것은 지식 자체보다는 '지식을 습득하는 방법'이다. 학교는 호기심을 자극하고 새로운 지식을 터득하는 기회를 가장 많이 제공한다. 이곳에서 '새로운 것을 배우고 내 것으로 만드는 학습 스킬'을 배웠다면, 지금 시대에 가장 값지고 유용한 자산이 될 것이다.

나는 지금까지 거의 모든 지식을 혼자 배웠다. 대학에서는 공학을 전공했지만, 지금은 디자이너로서의 경력을 쌓고 있다. 그림을 잘 그리지는 못하지만, 나에겐 디자인 관련 지식을 배울 수 있는 능력이 있었다. 부족한 부분이 있으면 보완하기 위해 파고들었고, 필요한 기술이나 지식이 있다고 느끼면 바로 배우기 시작했다. 이외에도 관심이 있는 것은 무엇이든 배우고 초보 이상의 수준까지 스스로 발전시켜 왔다.

기타를 혼자 독학해서 준 프로의 수준에 도달할 수 있었고, 공대를 졸업한 후에는 비주얼 디자인과 모션 디자인을 혼자 배워 지금은 능숙한 UX디자이너가 되었다.

뿐만 아니라 가구 제작, 가죽 제품 제작 방법을 온라인으로 독학해 브랜드를 성공적으로 런칭한 경험이 있다. 또한 디자인 포트폴리오를 만들기 위해 홈페이지 제작과 코딩을 배워 내 포트폴리오 웹사이트를 만들었고, 이후 다양한 웹사이트를 만드는 프리랜서로도 활동했다.

그러나 이 과정에서 얻게 된 가장 값진 기술은 각 분야의 전문지식이 아닌, 스스로 학습 계획을 세우고 익혀 나가는 능력이다. 지금은 어떤 분야든 배우고 싶은 것이 있으면 습득할 수 있는 사람이 되었다.

하고 싶고 배우고 싶은 것은 많지만 실천에 옮기지 못하는 이들을 위해, 다양한 사이드 프로젝트를 진행하면서 깨달은 '망설임을 뒤로하고 새로운 것을 배우는 법'을 소개한다.

1. 호기심이 먼저다.

이 책을 읽으면서 가슴속에 꿈틀거리는 것이 생겼는가? 당장 시간을 할애해 배우고 싶은 것이 있는가? 만약 떠오르는 것이 없다면 억지로 만들지는 않았으면 한다. 호기심이나 관심 없이 시작한 일은 대부분 한 달을 넘기지 못하고 끝내게 될 가능성이 높다.

나는 무언가를 새롭게 시작할 때면 첫 데이트를 앞두고 있는 것처럼 설렜다. 물론 모든 과정이 순조로운 것은 아니기 때문에 때로는 '왜 이 일을 시작했을까?'라는 생각이 들기도 하지만, 이전에 들인 노력과 시간을 생각하면서 쉽게 포기하지 않는다. 그런데 만약 내적 동기를 억지로 만들었다면 유지하기 매우 어렵다.

외적 동기가 아닌 스스로 배우고자 하는 열망을 가지고 작업을 하면서 만족감을 느껴야 한다. 작업을 마치고 잠이 들 때 '오늘 힘들었다'가 아니라 '오늘 재미있었다'라는 마음이 들어야 한다. 과정은 힘들 수 있지만, 마쳤을 때 재미를 느껴야 한다는 의미다.

2. 시작은 무료 강의로 충분하다. 유튜브로 배워보자.

일상에서 필요한 세상의 지식은 대부분 공개되어 있다. 유튜브와 검색창을 이용하면 코딩부터 시작해 고장 난 수도꼭지를 교체하는 방법까지 찾을 수 있다. 나 역시 유튜브를 통해 대부분의 지식을 배웠다고 해도 과언이 아니다.

학원에 가서 커리큘럼에 맞추어 수업을 듣는 것과 달리 유튜브로 배울 때의 큰 장점 중 하나는 자신이 궁금하고 알고 싶은 부분부터 시작할 수 있다는 점이다. 즉, 자신이 관심을 가지는 부분을 집중적으로 배울 수 있다. 이 방법을 유지하다가 필요할 때 체계적으로 배우고 싶은 시기가 오면 그때 깊이 있게 들어가도 늦지 않다.

처음부터 1부터 10까지 배우려고 하다가 방대한 양에 압도되어 그만두는 사람들을 많이 봤다. 적어도 처음에는 흥미를 유지하며 시작해야 한다. 자신이 궁금하고 배우고 싶은 것, 흥미로운 것에 집중해보자. 이러한 부분들을 '찾아서' 배우게 된다면 그 자체가 큰 즐거움이 될 것이다.

3. 어느 정도 수준에 올랐다면 유료 강의의 세계로 들어가자.

새로운 것을 배우기 시작해 초보 수준을 벗어나면 드는 생각은 보통 둘 중 하나이다. 하나는 '계속 배우고 싶다'는 생각이고, 다른 하나는 '그만하고 싶다'는 생각이다. 만약 '계속 배우고 싶다'는 생각이 들면, 그때부터는 온라인이든 오프라인이든 돈을 지불하고 배우기 시작하는 것도 방법이다.

돈을 지불하면 '돈을 투자했으니 그 이상의 가치를 배워야겠다'는 생각과 약간의 압박감이 들어 게으름을 피우고 싶을 때도 다시 마음을 다잡게 된다. 돈을 투자하면 교육 내용의 질이 올라가고, 더 체계적으로 학습할 수 있게 된다.

검색하면 대부분의 정보는 무료로 얻을 수 있지만, 초보 단계를 벗어나 다음 단계로 나아가려면 어떤 것이 가장 필요한지 알기 어려울 수 있다. 무엇을 구체적으로 배워야 하고 무엇이 중요한지 모른다면, 검색 자체가 별 의미가 없는 것이다.

그에 반해 유료 강의는 대부분 체계적인 커리큘럼을 제공하기 때문에, 처음부터 끝까지 순서대로 배울 수 있다.

4. 단순히 따라 하는 것이 아니라 직접 생각할 수 있는 강의가 좋다.

온라인 강의의 맹점은 아무 생각 없이 따라 하게 된다는 점이다. 온라인 강의에서는 강사가 학습자 개인의 실력을 알지 못하고, 학습자에 대한 정보가 제한적이거나 거의 없는 상태에서 가르치는 경우가 많다.

그래서 온라인 강의를 수강할 때는 왜 이 챕터를 들어야 하는지, 이 챕터가 나의 궁금증을 해결해주는 것인지를 고려하면서 배워야 한다. 또한 실습을 할 때도 생각 없이 따라 하는 게 아니라, 이 기술을 어디에 응용할 수 있는지를 고민해야 한다. 나중에 혼자 적용할 때를 대비하여 먼저 예상하는 것이 중요하다.

그렇지 않고 그냥 따라만 하는 건 금방 잊어버리게 된다. 마치 패키지 여행에서 가이드를 따라 관광 명소를 방문하는 것과 비슷하다. 이러한 명소들은 보통 기억에 남지 않고, 오히려 시간과 노력을 투자하여 힘들게 찾아간 장소가 더욱 기억에 남는 것과 비슷한 이치다. 생각하는 과정은 배운 것을 완전히 내 것으로 만들기 위한 첫걸음이다.

온라인 강의를 수강할 때 주의해야 할 점은 너무 긴 강의를 처음부터 끝까지 모두 들을 필요가 없다는 것이다. 콘텐츠 시간이 길면 길수록 많은 지식을 얻는 것처럼 보일 수 있지만, 사실 짧은 강의가 더 기억에 남을 수 있다. 온라인 강의 콘텐츠를 시청하는 데 너무 많은 시간을 투자하면 오히려 아무것도 기억에 남지 않을 수도 있다.

5. 배운 것을 사용하고 시행착오를 겪어 본다.

배운 것을 실제로 활용하지 않는다면 그 지식은 아무 쓸모가 없다. 배운 지식을 직접 적용하고 실패해보지 않았다면 그 지식이 실제로 내 것이 되었다고 할 수 있을까? 배우는 과정이 끝나면 실습 단계로 넘어가야 한다.

프로젝트를 만들고 혼자 진행해보는 것이다. 혼자 프로젝트를 진행하면 부족한 부분이 명확하게 드러나게 된다. 조금 더 깊이 공부하거나, 이전에 배운 내용을 다시 찾아봐야 할 수도 있다. 몰랐던 부분을 발견하고, 프로젝트에서 나타나는 문제를 해결하면서 자신만의 노하우가 점차 쌓인다.

강의를 하는 강사가 "이건 중요한 부분입니다. 꼭 알아야 합니다"라고 가르치는 경우와 '이 부분을 잘 모르겠어. 도대체 어떻게 해야 되지?'로 시작해서 배우는 경우, 간절함이 달라진다.

궁금함이 내 안에서부터 시작하면 배움 후에 오는 물결이 더 강하며, 그 여운 역시 더 오래 남는다.

새로운 기술과 지식을 배우기 위해 굳이 학교를 가지 않고 마스터할 수 있는 시대, 모든 지식이 온라인에 있는 환경에서 필요한 무언가를 배우고 있지 않다면, '어디서 배우지?'가 아닌 '나는 정말 그것을 배우고 싶은가?'를 생각해보자. 이것은 조건이 아닌 의지에 달려 있기 때문이다. 그래서 지금 무언가를 배우고 싶다면 '고민'하기 보다는 '시작'하는 것이 답일 수 있다.

Chapter 2

내 미래를 만든
사이드 프로젝트

책에서 '저녁 8시에 무엇을 하는지에 따라서 미래가 결정된다'라는 말을 하니, 당연히 내가 저녁 8시에 무엇을 했고, 그 시간이 미래를 어떻게 결정했는지가 궁금할 것이다. 그래서 과거를 돌아보고 현재의 나를 살펴보았다.

'저녁 8시'에 특별한 의미가 있는 것은 아니다. 퇴근 후에 저녁을 먹고 혼자 있을 수 있어 그 시간의 통제권은 온전히 나에게 있었다. 오랜 시간 나라는 사람을 연구하고 시행착오 끝에 찾게 된 시간이다.

그동안 직장 생활을 해왔기 때문에 하루를 '주어진 일을 하는 시간과 나로 살아가는 시간'으로 나누고, 하고 싶은 일을 저녁 8시에 하겠다는 결론은 낸 것뿐이다. 하고 싶은 일은 새벽이든 저녁이든 자신의 생활패턴에 맞추어서 하면 된다.

당신은 무엇을 하고 싶은가? 아니, 무엇을 할 때 즐거운가?

그것이 취미생활이든 자기계발이든 상관없다. 중요한 것은 '나로서 살아가는 시간'을 만들고 그 시간을 즐기는 것이다. 이 즐거운 일이 순간의 쾌락이 아니라, 미래에 대한 기대로 행복을 느끼게 해주고 의미 있는 경험이라면 더할 나위 없이 좋다.

나도 지난 시간들을 돌이켜보면 일관성은 부족하다. 하나의 목표를 위해서 달려온 것이 아니라, 당시 내가 원하는 각기 다른 목표들을 달성하기 위해 노력했다.

비록 목표는 달랐을지라도 모든 과정을 즐길 수 있었다. 오롯이 나로 살아가는 시간이었고, '금전적 보상이 없다면 재미라도 있어야 하지 않겠나' 하는 심보로 즐기려고 노력했다. 그래서 지식을 습득하는 과정마저도 상황에 따라 달랐다.

어떤 분야든 최대한 즐기려고 노력하고, 각 분야마다 다른 접근 방식으로 학습하면서 무언가를 시작할 때 두려움이 사라지게 되었다.

이 챕터에서는 내가 과거에 프로젝트를 시작하고 성취했던 방법에 대해 설명하려고 한다. 이 사례를 통해 각자 자신에게 유용한 인사이트와 노하우를 얻을 수 있을 것이다.

다양한 사이드 프로젝트를 진행했지만, 내 미래에 결정적인 영향을 준 4가지 프로젝트를 소개한다.

먼저, 한국에서 직장에 다니면서 미국 유학을 준비했던 사례를 소개한다. 퇴근 후, 매일 저녁 도서관에서 영어 공부를 하고 서류 준비에 몰두했던 시간이다.

두 번째로, 마이크로소프트에 다니면서 퇴근 후에 가죽 수공예 브랜드를 운영한 경험을 소개한다. 혼자 수공예를 배웠고 판매에 필요한 웹사이트 제작 및 제품 배송까지 진행했다.

세 번째로, 퇴근 후 이직 준비를 했던 시간들에 대해 이야기하고자 한다. 이직을 결심한 이유와 이직에 성공한 노하우를 정리했다.

마지막으로, 부동산을 구입하고 에어비앤비로 운영했던 사이드 프로젝트에 대해 이야기하고자 한다. 이 에어비앤비 사업은 현재도 하고 있으며, 내가 일을 많이 하지 않아도 상당한 수입을 가져다주고 있다.

이러한 사이드 프로젝트들은 사실 크게 대단한 것은 아니다. 당신도 마음만 먹으면 성과를 낼 수 있는 일, 미래에 긍정적인 영향을 주는 일을 할 수 있다고 생각하게 되길 바란다. 나는 사이드 프로젝트들을 진행하면서 크게 2가지를 얻었다.

1. 중도에 포기하지 않도록 스스로 동기부여하는 방법

2. 마음만 먹으면 무엇이든 새로운 것을 시작할 수 있는 능력

어떤 상황에서도 적용할 수 있는 일관된 궁극의 프로세스는 없다. 중요한 것은 그 프로세스를 스스로 만들어내는 능력이다. 특정한 틀에 얽매이지 않고, 자신만의 방식으로 사례를 만들어 나갔으면 한다.

이 사례들을 통해 자신은 어떤 일을 하고 싶고, 어떤 미래를 향해 나아가고 싶은지 생각해보는 기회가 되었으면 한다.

삶을 원하는 방향으로
이끌어 나가는 방법

나는 대학을 졸업한 후, 2009년 LG전자에 UI디자이너로 입사했고, 2012년 미국으로 유학을 떠났다. 안정적인 직장을 다니다가 왜 유학을 결심하게 되었고, 어떻게 직장에 다니면서 유학을 준비할 수 있었을까?

2011년 설날, 고향에 내려갔다. 언제나 그랬듯이 그날도 친척 어른들은 내게 안부와 근황을 물으셨다.

"회사는 잘 다니고 있지?"

"앞으로 계획은 있니?"

질문을 받았을 때는 깊이 생각하지 않고 "회사 열심히 다녀야죠"라고 대답했는데, 밤에 자려고 침대에 누우니 그 질문들이 유달리 진지하게 다가왔다. LG전자에서 일한 지 3년 차가 되어가던 시점이었고, 다음 단계를 고민할 때가 되었다는 생각이 들면서 그날 밤 깊게 잠들지 못했다.

당시 LG는 한창 스마트폰 분야에 진입하는 시기였다. 각 팀에서 정예 멤버들을 선발하여 LG만의 스마트폰 UX를 구축하기 위한 TF(Task Force, 임시팀)를 조직했다. 그러나 우리는 디자인 방법론에 대한 지식이 부족했다. 어떤 프로세스를 따라가야 하는지, 어떤 디자인 방법론이 있는지 명확하게 알지 못했다. 당시 한국에서는 UX디자인 프로그램을 공식적으로 가르치는 대학이 드물었고, 내 전공은 산업공학이었다.

최종적으로 팀은 우수한 결과물을 제출했지만, 개인적으로는 한계를 느끼고 있었다. 만약 그때 디자인 방법론에 대해 잘 알고 있었다면, 더 적극적으로 의견을 내고 팀원들을 리드할 수 있었을 것이다. 이 생각은 성장을 위한 출발점이 되었다.

이 프로젝트를 통해서도 느꼈지만, 공대를 졸업하고 디자이너로 일하는 게 사실 그리 순탄치 못했다. 기반 지식 없이 몸으로 부딪쳐 스킬을 익혀 나가야 하는 과정들의 연속이었다. 프로젝트를 진행하면서도 확신이 들지 않았고, 선배들에게 지적을 받으면서 계속 지식과 업무를 배워야 했다. 그래서 언젠가 제대로 된 디자인 공부를 하고 싶다는 생각을 자연스럽게 하게 되었고, 이왕 공부할 거라면 최고의 대학에 가서 배워야겠다고 결심했다.

설날에 무심하게 들었던 친척 어른들의 질문과 평소 스스로 인정하고 있었던 디자인 지식에 대한 한계가 맞물리면서 다음 단계를 본격적으로 고민하기 시작했다. 더 이상 망설일 이유가 없었다. 고향에서 서울로 올라오자마자 석사 지원에 필요한 조건들을 검색하고 준비하기 시작했다.

쉽지 않았지만, 그 과정 자체가 정말 설렜다. 미국 최고의 학교에서 합격 통보를 받는 모습을 머릿속에 생생하게 상상했다. 그 목표를 이루지 못하면 매우 아쉬울 것 같았다. 미래에 합격통지서를 받고 뿌듯해하는 나 자신이 저기에 서 있는데, 거기까지 가지 못하면 미래의 나 자신을 배신하는 것 같은 느낌이었다.

사회에서 원하는 모습이 아닌 '나 자신으로 사는 시간'은 어떻게 보내야 할까? 아무에게도 방해받지 않고 하고 싶은 것을 마음대로 할 수 있는 시간이 주어진다면 어떤 일을 선택할 것인가?

시간을 최대한 활용하여 어떤 이득을 얻을 수 있는지 고민하고, 얻는 것과 잃는 것을 비교한 후 어떤 일을 할지 선택할 수도 있다.

하지만 내 생각은 좀 다르다. 자신 앞에 놓여 있는 수많은 카드 중 하나를 자유롭게 고를 수 있는 상황이라면, 그 일을 선택하는 기준은 '이득'이 아닌 '기쁨'이어야 된다고 생각한다. 나에게 무엇이 더 이득인가 보다 '나는 어떤 일을 할 때 즐거움을 느끼는가'가 먼저 고려되어야 한다.

기쁨은 원하는 결과를 얻을 때 올 수도 있고, 무언가를 하는 과정 자체에서 올 수도 있다. 이것은 외부 압력이 아닌 스스로 진행하는 일이기 때문에, 기쁨 또는 희망 없이는 그것을 지속하기 어렵다.

계산하고, 성공 확률을 따지는 이성은 자신을 속일 수 있지만, 가슴을 뛰게 하는 감정과 기쁨은 속이기 어렵다. 따라서 느낌이 확실하게 왔을 때는 이것저것 생각하거나 망설이지 않고 밀어붙여야 할 때도 있다.

○ 성과는 점진적으로 나타나지 않는다 ○

그해 2월부터 직장인으로서의 삶과 나 자신으로 사는 삶을 구분해서 살기 시작했다. 아침 8시에 출근하여 저녁 6시까지 직장에서 업무에 전념하고, 퇴근 후에는 내가 하고 싶은 일에 집중했다. 이 과정이 힘들긴 했지만, 나의 미래를 위한 일이었고 목표를 향해 나아가고 있다는 기분이 들었다.

먼저, 영어 시험 점수를 향상시키기 위해 IELTS(International English Language Testing System, 진학과 이민을 위한 영어 능력 평가 시험)와 GRE(Graduate Record Examination, 미국 학부 과정의 SAT에 대응되는 미국의 대학원 수학 자격시험)를 공부하기 시작했다.

평소 주변 사람들로부터 영어 실력을 칭찬받았지만, 시험에서 좋은 점수를 받는 것은 또 다른 문제였다. IELTS 영어 시험을 두 번이나 보았지만, 두 번 모두 지원 자격에 미치지 못하는 점수를 받았다. 나는 조금씩 지치기 시작했다.

'왜 시간을 투자하고, 열심히 하는데 점수가 나오지 않는 걸까?'

이런 감정을 느낄 때 무언가 변화를 주지 않으면 이 프로젝트는 중도에 포기할 가능성이 높아진다. 점수가 오를 때 느끼는 보람이 필요한데, 결과가 눈에 보이지 않으면 당연히 재미와 흥미가 사라지게 된다.

그래서 포기하지 않고, 외부 자극을 도입하기로 결심했다. 바로 학원에 등록하고, 스터디 그룹에 참여했다. 학원은 학원비가 아까워서라도 열심히 하자는 심산이었고, 스터디는 다른 사람들에게 내 능력을 보여주기 위한 의도가 있었다. 다행히도 이 방법은 효과를 발휘했다.

영어 점수라는 같은 목표를 가진 사람들과 함께하면서 서로 의지를 다질 수 있었고, 단순히 '열심히 해야지'라는 생각에서 '스터디 그룹 멤버들보다 더 잘하고 싶다'라는 다짐으로 바뀌었다.

이처럼 혼자서 프로젝트를 진행해 나가다 보면 어려운 순간들을 마주하게 된다. 친구들과의 즐거운 시간을 포기해야 될 때도 있고, 프로젝트의 진행이 더디거나 계획대로 잘 흘러가지 않는 경우도 있다. '이거 해서 뭐하나, 그냥 직장이나 잘 다니면 되지'라는 생각이 들면 포기하기 쉽다. 이때 중요한 것이 '진단'이다.

이것은 개인 프로젝트에 국한된 것이 아니라, 일이든 공부든 어떤 분야에서나 적용되는 원리다. 성과는 점진적으로 나타나지 않고, 어느 한순간에 터져 나온다. 그래서 성장 과정을 그래프로 나타내면 계단식으로 표현된다.

어떤 프로젝트든 모든 과정이 즐거울 수만은 없다. 매일 하는 노력이 보잘것없어 보일 수 있지만, 그 노력은 매일 쌓이고 있다는 것을 반드시 기억해야 한다. 성과가 잘 보이지 않기 시작하면 프로젝트는 따분해지고 일상에서 점점 더 멀어진다. 가끔은 이 '성과'라는 것이 분명하게 보이지 않기 때문에 목표를 더 세부적으로 나누고 이루기 쉽게 만들어야 한다. 목표를 세분화하면 이룰 때마다 재미를 느끼고, 그 재미는 나를 다시 움직일 수 있게 만든다.

그래서 나는 학원과 스터디를 통해 새롭게 동기부여를 했다. 혼자 공부할 때 목표를 '실제 시험에서 좋은 점수를 받는 것'으로 세웠다면, 학원과 스터디를 시작한 후 목표를 '학원에서 보는 시험의 점수' 혹은 '다른 사람들보다 월등한 문제 이해 능력' 같은 작은 목표로 나누어 성과를 더 쉽게 관찰할 수 있게 만들었다.

그 후 몇 개월 동안 석사 지원 요건을 갖추기 위해 퇴근 후에 하루도 빠짐없이 도서관에 가거나 학원에 갔다. 중요한 관문은 IELTS와 GRE, 이 두 시험에서 점수를 잘 받는 것이었다.

내 노력이 부족했던 탓인지 최종 IELTS에서 안타깝게도 학교에서 요구하는 점수를 만들지 못했다. 학교에서 요구하는 시험점수는 영어 '듣기/읽기/쓰기/말하기' 중 듣기/읽기/쓰기 평균 점수가 6.5점, 말하기는 7점이 되어야 하는데, 한 시험에서는 듣기/읽기/쓰기 평균 점수가 6.5점에 미치지 못했고, 다른 시험에서는 말하기 점수가 7점이 안 됐다. 마감 기한은 다가오고, 더 이상 시험을 볼 수 있는 시간이 없었다.

디자인 포트폴리오를 준비하고, 추천서를 받으러 다니고, 학업계획서(Statement of purpose)도 준비해야 하는 시점이었기 때문에 선택해야 했다. 영어 공부에 시간을 더 할애해 점수가 나올 때까지 시험을 볼 것인가, 아니면 대학에서 요구하는 점수가 아니더라도 일단 여기서 만족하고 다음 단계로 나아갈 것인가.

나는 후자를 선택했고, 학교에 진솔하게 내 상황을 정리해 이메일을 보냈다. 대학에서 회신이 왔는데 놀랍게도 '괜찮다, 두 시험을 본 성적표를 제출하면 인정해 주겠다'는 내용이었다.

잠시 안도감이 들었지만, 해야 할 일 리스트 체크박스에 표시를 하고 다음 서류를 준비해야 했다.

디자인 포트폴리오를 만들기 위해 LG에서 진행했던 작업을 모아 콘텐츠를 제작하고, 동시에 워드프레스를 공부하여 웹사이트를 만드는 기술을 익혔다. 이것 또한 인터넷을 통해 독학으로 하나부터 열까지 배워나갔다. 책을 구매하고 인터넷 커뮤니티에 질문을 올리며 '이건 어떻게 하는 거지?'와 '아, 이렇게 하는 거구나'의 과정을 반복했다. 결국 만족스러운 포트폴리오를 만들 수 있었다. 이때 배운 스킬은 나중에 디자인 프리랜서로 활동하는 데 큰 도움이 되었다.

다음은 학업계획서를 작성할 차례였다. 학업계획서를 작성하고 주변 사람들에게 리뷰를 부탁했다. 특히 유학에 조금이라도 관심이 있는 지인에게는 꼭 리뷰를 받았다. 만약 혼자 작성했다면 학업계획서 수준은 낮았을 것이다. 다른 사람들의 도움을 받는 것은 프로젝트를 이끌고 수준을 높이는 데 필수적인 부분이다.

2월 설날에 고향에서 서울로 돌아온 후, 줄곧 직장인과 유학 준비생의 2가지 삶을 병행했다. 퇴근 후, 매일 저녁 7시부터 11시까지 도서관에서 시간을 보낸 결과, 기한에 맞춰 서류를 제출할 수 있었다.

발표를 앞두고 있을 즈음에는 머리맡에 노트북을 두고 잠들고, 결과를 확인하기 위해 새벽에 깨어 이메일을 확인하는 것이 습관이 되었다. 여느 때와 같이 회사에서 일하고 있는데 지원한 학교에서 이메일이 왔다. 기다리던 합격 소식이었다.

메일을 확인하자마자 자리를 박차고 일어섰다. 회사에서는 내가 유학을 준비하고 있다는 사실을 아는 사람이 없었으므로 표정 관리를 하면서 산책을 나왔다. 잠시 걸으면서 마음속으로 쾌재를 불렀다. 9개월간의 이중생활이 결실을 맺은 것에 기쁨을 감출 수 없었다.

○ 작은 성취감이 우리를 뛰게 한다 ○

매일 저녁 8시가 쌓이고 쌓여 '석사 과정 합격'이라는 결실을 맺었고, 이는 내 미래를 결정짓는 중요한 사건이 되었다. 지금까지 10년이 흘렀지만, 여전히 외국에서 좋은 직장을 가지게 된 이유이기도 하다.

누구든 매일 일정 시간을 투자하면 어떤 방식으로든 결실을 맺을 수 있다. 그 크기가 중요하지 않다. 가장 중요한 것은 내 인생에 선택권을 갖는 것이다. 이 프로젝트에서 얻은 결실인 '석사 과정 합격'보다 더 값진 것은, 내 인생에 대한 새로운 가능성을 본 것이었다.

이 과정을 소개하는 이유는 단순히 치열하게 보낸 시간을 자랑하기 위함이 아니다. 내가 프로젝트를 선택하고, 실행해 나가는 과정에서 끊임없이 동기부여할 수 있었던 방법을 공유하고 싶었다. 이 사례에서 강조하고 싶은 것은 다음 4가지다.

1. 가슴이 뛰는 프로젝트를 선택할 것

가고자 하는 학교에서 합격통지서를 받는 모습과 미국인 학생들 사이에서 월등하게 뛰어난 학생이 된 내 모습을 상상했다.

2. 동기부여를 할 수밖에 없는 환경을 만들 것

GRE, IELTS 시험을 준비하는 사람들과 정보를 공유하고 시험에 관한 이야기를 자주 나누었다. 이런 대화들은 긍정적인 자극이 되었다.

3. 마감 기한을 정할 것

지원 시기가 있었으므로, 서류 제출 마감 기한은 이미 정해져 있었다.

4. 다른 사람에게 피드백을 받고 개선해 나갈 것

학업계획서와 디자인 포트폴리오를 주변의 거의 모든 지인에게 리뷰를 부탁했다. 다양한 의견을 들으면서 '더 잘해야지'라는 생각이 들었고, 작업 수준을 확실히 높일 수 있었다.

모든 프로젝트는 이 4가지 중요한 사실을 염두에 두고 진행하면 성공적으로 마칠 수 있을 것이다.

자신만의 프로젝트를 계획하고 한번 성취를 이루어내면, 그 경험을 잊지 못하고 계속 맛보고 싶어진다. 그리고 이 재미와 만족감은 앞으로 삶을 원하는 방향으로 나아가게 하는 원동력이 된다. 성취와 성공에는 중독성이 있다. 당신도 이 성공의 맛과 재미를 한번 느껴보게 되길 바란다.

내가 무엇을 할 때
즐거운 사람인지를
알기 위한 프로젝트

02

나는 기본적으로 하고 싶고, 시도하고 싶은 게 많다. 동시에 직장인으로 보내는 삶과 나로서 보내는 삶이 분명하게 나뉘는 사람이다. 그래서 나로 보내는 시간에 무엇을 할지 생각하는 게 습관이었다. 읽고 싶은 책이 많았고, 사진을 찍고 싶기도 하고, 기타를 연주하고 싶었고, 목공을 배우고 싶었으며, 코딩을 배우고 싶기도 했다. 문제는 배우고 싶은 게 너무 많은 것이었다.

목공을 배우자니 사진을 본격적으로 찍고 싶고, 사진을 찍자니 목공을 배우지 못하면 아쉬울 것 같은 마음이 들어 아무것도 시작하지 못하면서 시간을 보내고 있었다. '배우고 싶다', '본격적으로 시작하고 싶다'라는 생각만 하면서 실천하지 못하는 자신을 자책하기도 했다. 하고 싶은 게 너무 많은 것도 문제였지만, 우선순위가 없는 것도 문제였다.

해결책을 찾지 못한 채 1년이 흘렀다. 그러던 중 일이 터졌다. 사건이 발생한 날 아침, 나는 오토바이를 팔았다. 오토바이를 팔고 받은 현금을 점심시간에 은행에 입금하려고 차 안에 둔 것이 화근이었다. 그 순간에는 '곧 은행에 갈 텐데, 그 사이에 무슨 일 있겠어?'라고 생각했다.

그런데 황당하게도 그 짧은 시간에 도난을 당했다. 아파트 주차장에 세워 놓았는데, 내 차의 유리창은 깨져 있었고 현금은 사라졌다. 차량 절도가 미국에서는 상당히 흔한 일이기 때문에 차 안에 귀중품을 두고 내리는 것 자체가 바보 같은 짓이다.

화가 나서 경찰에도 신고했지만 근처 CCTV가 없어 범인을 잡을 수 있는 확률은 희박하다고 했고, 보험 신청을 했지만 차 안에 현금이 있었다는 것을 증명할 수 없으면 보험 적용을 받을 수 없다는 답변만 돌아왔다.

범인을 잡겠다는 마음은 거의 포기한 상태였다. 차 안에 돈을 두고 내린 자신이 한심했다. '차에 현금을 두지 않았으면 도난당하지 않았을 텐데', '범인은 누구일까?', '아침에 내게 오토바이를 사 간 사람일까?' 하며 머릿속으로 온갖 생각을 다했다. 그러나 결론적으로 그런 자책과 후회, 짐작은 전혀 도움이 되지 않았다.

한편으로는 사람이 다치지 않고 돈만 잃은 게 다행이라는 생각도 들었다. 분하고 억울했지만, 속상한 마음은 훌훌 털어 버리는 게 최선인가 싶기도 했다.

'만약 이 사건을 오히려 전화위복의 기회로 삼으면 어떨까?'

돈을 잃은 허탈함에 아무것도 하지 않는다면 나는 얻는 것 없이 잃기만 하는 것이다. 이 일을 오히려 마음을 다잡고 사이드 프로젝트에 열정을 쏟을 수 있는 계기로 만든다면, 시간이 지난 후에 이 일을 경험한 것이 오히려 감사한 마음이 들 거라는 생각이 들었다.

잃은 돈을 수업료 삼아 무언가 얻는 게 있어야 했다. 그동안 하고 싶었던 사이드 프로젝트들의 목록을 살펴보았다. 이전에는 갈팡질팡하던 우선순위가 정리되는 느낌이었다.

돈을 잃은 허탈함과 분노를 원동력으로 사용하기로 마음먹은 만큼 우선순위의 기준은 '이것으로 돈을 벌 수 있는가'로 정했다.

○ 실행만이 답이다 ○

나는 다음 날부터 목공을 배우기 시작했다. 미국에서 소규모로 수공예를 하는 사람들이 판매하는 사이트 엣시(Etsy)에 들어가 어떤 물품이 판매가 잘되고, 배송하기 쉬운지 분석하기 시작했다. 판매 상품은 시계, 도마, 냉장고에 부착할 수 있는 병따개, 태블릿/휴대폰 거치대, 컵받침으로 정했다. 나무를 어디서 공급받을 수 있는지 알아보고, 구매해 상품들을 하나둘 만들어나가기 시작했다.

예상보다 배워야 할 것들이 상당히 많았다. 나무를 다루는 기본 전동 공구들에 대한 지식도 필요했다. 유튜브를 이용해 나무를 자르고, 붙이고, 바니쉬를 바르는 과정을 모두 배웠다.

유튜브로 배우는 것과 실제로 만드는 것은 차이가 났다. 영상을 시청할 때는 쉬워 보였는데, 직접 하니 예상치 못한 난관들이 많았다. 가장 기본 작업인 나무를 토막 내는 것조차도 깔끔하게 자르기 어려웠고, 원하는 모양대로 잘리지 않아 원인을 파악하고 바로잡는 작업을 반복했다.

유튜브에서는 커리큘럼이 있는 것이 아니다 보니, 매우 기본적인 기초 지식과 지루하지만 반드시 알아야 하는 중요한 기술들이 많이 빠져 있는 듯한 느낌이 들었다. 시행착오를 거치면서 재료를 많이 버려야 했지만, 기술은 점차 늘었다. 이 과정을 반복하면서 판매할 수 있는 정도의 상품을 만들 수 있었다. 지금 생각하면 팔기는 부끄러운 수준이었지만, 나름 목표를 달성한 기분이 들었다.

상품을 하나둘 완성해 기본적인 라인업이 그려지자, 상품을 판매할 수 있는 온라인 공간이 필요했다. 포트폴리오를 위해 기본적인 홈페이지를 만들어본 경험이 있었기 때문에 어렵지 않을 거라 생각했는데, 실제 물건 판매가 가능한 홈페이지를 만드는 것과는 차이가 있었다.

홈페이지를 만들면서 제품과 관련된 이름, 로고, 슬로건 등을 구상하고, 난이도가 있는 기술인 결제 모듈 붙이기, 이미지 로딩 속도 높이기, 검색엔진 최적화하기 등은 처음이었기 때문에 기초부터 배워서 부족한 부분을 채워나갔다.

완벽한 홈페이지는 아니었지만 그런대로 구색을 갖춘듯 보였다. 그런데 여기서 끝이 아니었다. 홈페이지에 올라가는 사진 촬영, 상품 상세페이지 제작, 홈페이지와 제품 홍보 등 해야 할 일이 산더미였다.

그 다음은 홈페이지와 엣시 스토어에 홍보할 차례였다. 페이스북 페이지를 만들고, 엣시 광고를 하고, 구글 애드워즈(Ad words)를 붙여 홍보를 시작했다. 이 과정은 광고 타깃을 설정하고 광고비만 지불하면 되는 상대적으로 간단한 작업이었다.

'만들 상품을 정하고, 목공을 배우고, 홈페이지를 만들고, 온라인으로 판매하는 일'까지 사이드 프로젝트로 직장인으로서의 삶을 병행하면서 두 달 만에 해낸 일이었다. 퇴근 후 매일 밤늦게까지 누구의 도움 없이 홀로 싸워나가는 과정이었지만, 조금씩 나아가고 있다는 생각에 힘들어도 꾸준히 밀고 나갈 수 있었다.

웹사이트와 엣시에 스토어를 런칭하고 주문을 기다렸다. 런칭하자마자 판매가 많이 될 거라 기대하지는 않았지만, 나름 품질과 홍보에 신경을 썼으니 첫 주문까지 오랜 시간이 걸리지 않을 거라 예상했다. 하지만 예상과 다르게 일주일간 단 한 개도 팔리지 않았다.

다행히 방문객이 조금씩 늘고 있어서 희망의 끈을 놓지 않고 있었는데, 런칭한지 일주일이 지나고 첫 판매가 일어났다. 타 사이트 상품보다 좋은 품질의 나무를 사용하면서 더 낮은 가격에 판매한 덕분이었다.

지금까지의 시간을 나 혼자만 알고 있었다면, 판매가 일어난 시점부터는 남들에게 인정받은 기분이 들었다. 이후, 한 로컬 단체 행사에 초대되어 오프라인 판매를 하기도 하고, 회사 자선 경매에 내가 만든 도마를 기부해 150달러에 낙찰이 되는 경험도 했다.

되돌아보면 목공예를 하고 싶다는 것보다 내가 한 일에 대한 성과를 내고 싶었던 것 같다. 목공예를 배우는 것도 흥미로웠지만, 이를 통해서 성장하는 것이 즐거웠다.

○ 부딪쳐보지 않으면 결코 알 수 없다 ○

어느 정도 매출이 일어나면서 승승장구하고 있을 때 친한 동생이 내게 결정적인 한마디를 던졌다.

"형이 파는 제품은 다른 곳에서도 찾기 쉬운 것 같아요. 경쟁력을 좀 더 키우면 어떨까요?"

그 말을 들은 즉시 화가 났고, 내가 구할 수 있는 최고의 재료로 만든다고 부정하고 싶었다. 그러나 그의 말은 사실이었다. 반드시 내 스토어에서 제품을 구매해야 되는 결정적인 차별점은 없었다.

내 스토어는 'Design craft'라는 일반적인 이름이라서 구글에서 검색해도 찾을 수 없었다. 또한 아파트의 공용 공간인 Hobby shop에서 작업을 했기 때문에 장소도 매우 열악했고, 독창적인 디자인을 뽑아내기에도 한계가 있었다.

다시 새롭게 생각하기로 했다. 장비와 공간의 제한으로, 다양한 실험을 해보면서 나만의 경쟁력을 가질 수 있는 상품을 만들기에는 분명 환경적 한계가 있어 보였다. 며칠간 고민한 끝에, 더이상 새로운 주문을 받지 않고 새로운 일을 벌이기 시작했다.

수공은 지속하되, 상대적으로 공간과 장비 제약이 적은 가죽으로 도메인을 변경한 것이다. 스토어도 Gilbert goods라는 내이름을 넣어 유니크함을 더했다.

가죽 공예에 대한 취미가 있었던 것은 아니었지만, 목공예를 배웠던 것처럼 유튜브를 보면서 기본부터 차근차근 배워나갔다. 손에 완전히 익숙해질 때까지 반복 또 반복하는 수밖에 없었다. 가죽은 상대적으로 스케일이 작아서 그런지 따라 만들 수 있는 강의도 다양했고, 이 전에 목공을 유튜브로 배우면서 새로운 스킬을 습득하는 법에 대한 감이 생겨서 훨씬 더 쉽게 배울 수 있었다.

무엇을 배워야 하는지, 어떤 질문을 던져야 하는지, 그 질문의 답을 어떻게 찾아가는지 프로세스를 정리하며, 새로운 것을 시작할 때 어떤 단계들을 밟아나가야 하는지 익힐 수 있었다. 주제나 분야만 다를 뿐이지 결국 배우는 방법은 비슷했다.

이번에는 유튜브 채널을 개설해 메이킹 영상을 만들어 올리고,

인스타그램도 시작했다. 몇 개월 만에 구독자도 많이 생기고 인스타그램 팔로워도 제법 올라갔으며, 엣시에서도 판매가 잘 되었다.

사람들에게 인정을 받고, 한 단계 한 단계 발전해가는 게 자랑스러웠다. 직장에서는 컴퓨터로 디자인을 하는데 반해, 퇴근 후에는 손으로 직접 물건을 만들어 가상과 현실 세계를 함께 디자인하는 것 같은 기분이 들었다.

하지만 아쉽게도 이 브랜드를 운영한지 3년 정도가 지났을 때, 잠시 중단해야 했다. 마이크로소프트에서 구글로 이직을 하면서 시애틀에서 보스턴으로 이사를 가야 했기 때문이다. 보스턴에서 계속 운영을 해볼까 생각도 했지만, 집 크기가 줄어드는 바람에 공간상의 제약으로 진행이 어려웠다.

2023년 현재까지도 길버트 굿즈는 휴업 중이다. 하지만 내가 해보고 싶었던 일로 0에서부터 무언가를 만들었다는 사실만으로도 얻은 것이 많다.

이 프로젝트가 나에게 큰돈을 벌어다 주었는가?

이 프로젝트가 나에게 명성을 가져다주었는가?

아니, 그렇지 않다. 하지만 휴업 중인 길버트 굿즈가 더 큰 브랜드로 돌아올지 미래는 아무도 모른다. 현재는 내 마음속에만 남겨져 있을 뿐이지만, 그것만으로도 내가 보낸 시간들은 충분한 가치가 있었다.

차에서 돈을 도난당한 후, 그 돈을 보상받을 거라는 일념 하나로 시작한 프로젝트로 잃은 돈의 몇 배를 회수할 수 있었다. 무엇보다 이 프로젝트를 통해 '나는 손으로 무언가 만드는 것을 참 좋아한다'는 걸 알게 되었다. 내가 어떤 것을 할 때 행복을 느끼는 사람인지를 깨달았다.

만약 하고 싶은 게 많아서 무엇부터 시작해야 할지 모른다면, 우선순위를 정해보자. 나는 도난 사건으로 오랫동안 정하지 못한 사이드 프로젝트의 우선순위를 빠르게 정리할 수 있었다. 나처럼 사건(?)을 겪을 필요는 없지만, 사이드 프로젝트의 목표를 점검해 볼 필요는 있다.

· 사이드 프로젝트를 통해서 어떤 사람이 되고 싶은가?
· 나의 어떤 부분을 탐구하고 싶은가?

해보지 않으면 알 수 없기 때문에 직접 해봐야 한다. 더욱 좋은 방법은 깊은 고민 없이 감을 믿고 시작해보는 것이다. 사실 우리에게 필요한 것은 깊은 생각이 아니라, 지금 당장 몸으로 실천해보는 일이다.

1부터 하다 보면 나중에 10이 되고, 10은 다시 100으로 성장한다. 성장을 확인하지 못하면 어떤가. 그 자체만으로도 의미가 있다. '나는 이걸 좋아하는 사람이구나', '이건 막상 해보니 나와 맞지 않는 일이구나'라는 걸 안다는 것만으로 얻는 바가 크다.

우리는 가끔 잠들기 전 자신에게 질문을 던진다.

'오늘 하루는 열심히 살았는가?'

하지만 나는 이 질문을 바꿔서 해보고 싶다.

'오늘 하루는 나답게 살았는가?'

우리는 하루의 많은 시간을 '내가 원하는 일'보다는 '사회에서 원하는 또는 회사에서 필요로 하는 일'을 하며 보낸다. 하지만 퇴근 후 또는 해야 할 일을 마친 후에는 하루 1~2시간만이라도 '나다운 시간'을 보냈으면 한다.

그 시간이 쌓이면 '내가 누구인지, 무엇을 좋아하는지, 무엇을 추구하는지, 어디를 향해 나아가고 싶은지'가 선명하게 보인다. 그것은 내 자신을 위해 줄 수 있는 최고의 선물이 될 것이다.

커리어 확장을 위한
면접과 이직 준비

03

마이크로소프트에서 디자이너로 3년 정도의 시간을 보냈다. 미국에서 다니는 첫 직장이라 쉽지 않았지만 나름 적응을 했을 무렵, 문득 이런 생각이 들었다.

'직장은 나에게 어떤 의미일까?'

대학을 졸업하면 취업하는 것을 수순이라 생각하고 아무런 의문도 없이 앞을 향해 열심히 달려온 기분이 들었다. 하지만 30대 중반, 이제 직장의 의미에 대해 한 번쯤 재정비해볼 시간이 온 것 같았다. 결론부터 말하면 직장의 의미에 대해 생각해보면서 이직을 결심하게 된다.

고민이 깊어지던 당시 우연히 TV에서 가수 故 김광석의 무대를 보게 되었다. 그는 〈서른 즈음에〉를 부르기 전에 "10대에는 거울처럼 누군가를 흉내 내며 살고, 20대에는 뭔가 스스로 찾기 위해 좌충우돌 부대끼면서 지냅니다. 그러다 보면 서른 즈음이 되는데, 이때쯤 되면 일부분 포기하고, 일부분 인정하면서 그렇게 막 재미있거나 신기한 일이 주변에 없어지게 되더라고요"라고 했다.

공감이 가는 말이었다. 20대는 나는 무엇을 잘하는 사람인지 탐구하는 시간이다. 이것저것 다양하게 관심을 갖고, 내 한 몸 불살라 배울 수도 있다. 작은 성공을 이루고 넘어지기도 하면서 '나는 이런 사람이구나'라는 걸 어렴풋이 알게 된다. 이것도 해보고 저것도 해보고, 재미있고 잘 맞으면 계속하다 잘하게 되고, 잘 맞지 않으면 그만두면 그만이다.

그러다가 30대가 되면 내가 잘하는 것 하나 정도는 생기고, 그것이 직장에서 하는 일이 되어 있을 가능성이 높다. 그렇다면 직장은 우리 삶에 어떤 의미가 있을까?

첫째, 직장은 '일을 통해 세상과 연결되는 곳'이다.
직장은 발을 딛고 서서 '나는 누구보다 이걸 잘하는 사람이오'

라고 증명할 수 있는 곳이다. 나의 20대는 괜찮은 디자이너가 되기 위한 노력들로 가득했다. 좋은 디자인을 가려내는 눈을 훈련하고, 모바일이든 웹이든 어떤 플랫폼에서도 자유롭게 뛰어놀며 디자인할 수 있는 디자이너가 되기 위한 시간을 보냈다.

지금도 괜찮은 디자이너가 되기 위해 매일 노력 중이다. 디자인은 내가 세상에 존재하는 방식이자 의미로, 세상에 조금이나마 보탬이 될 수 있음을 증명하고자 끊임없이 연습했다. 내 삶의 의미는 어떤 방식으로 세상에 표현되는지, 내 그릇의 크기는 얼마나 되는지 파악하기 위해 노력했다. 세상과 나를 연결해주는 연결고리를 찾고, 나라는 존재를 알릴 수 있는 매개체를 강화하려고 애썼다.

회사에서 대부분의 시간을 디자인하며 보내고, 내 이름 뒤에는 '디자이너'라는 타이틀이 붙는다. 그래서 '디자인'은 나와 세상을 연결시켜주는 매개체다. 지금까지의 노력, 성과, 프로젝트가 지금의 나를 만들어주었다.

둘째, 직장은 '배움의 터'다.

우리는 대학에 다니며 지식을 배우기 위해 비싼 등록금을 지불한다. 사실 '배운다'는 말을 다르게 표현하면 '일한다'이다. 학생은 과제를 하고, 프로젝트를 진행한다. 직장인이 되면 주어진 기본 업무를 하고, 프로젝트를 진행한다. 따지고 보면 똑같이 일 하지만, 학생은 돈을 내면서 일하고, 직장인은 노동의 대가로 돈 을 받으면서 일한다.

반면 배움이라는 측면에서 보면 학생이나 직장인이나 별반 다 르지 않다. 다만, 학생은 학교에서 커리큘럼에 따라 친절하게 가 르쳐 주지만, 직장인은 스스로 배울 것을 챙겨 나가야 한다.

사실 일을 배우기 가장 좋은 환경은 프로젝트에 내던져지는 것이다. 눈앞에 해결해야 할 문제들이 닥치면 생존 본능이 발휘 되어 실전에서 필요한 기술을 가장 빠르고 효과적으로 익힐 수 있게 된다.

삶은 배움의 연속이고, 겸손함을 일깨워주는 시간들의 연속이 다. 항상 배울 것들이 존재하지만, 그것을 알아차리는 것은 자신 의 몫이다. 결국 우리가 원하는 풍요로운 삶을 살기 위해서는 배 움과 실력이 쌓여야 가능하다. '일을 잘한다는 것'도 결국 경험을 통해 많이 배우고, 배운 것을 적재적소에 꺼내서 써먹을 줄 아는 능력을 뜻한다.

셋째, 직장은 '내가 유용해지는 곳'이다.

디자이너인 내가 만약 자동차 판매 영업을 하게 된다면 나는 직장에서 유능하지 못할 것이다. 판매 실적이 좋지 않을 것이기 때문이다. 나는 디자이너라는 정체성과 기술을 가지고 있고, 이 기술이 유용하게 쓰이길 바란다. 내가 왜 필요한지 회사에 입증하고, 그만큼의 대가를 회사에서 받길 원한다.

이처럼 직장은 나에게 잘하는 일을 통해 '세상과 연결되는 곳', '배움의 터', '내가 유용해지는 곳'이라는 3가지 의미가 있다. 직장에 대한 고민이 쌓여가고 있을 즈음, 페이스북 전 디자인 부문 부사장 줄리 주오(Julie Zhou)가 쓴 '커리어에 대해서 생각하는 법'이라는 글을 읽게 되었다.

· 아침에 일어나서 회사에 가기 싫다면 이유를 물어라.
· 지난 6개월 동안 쉬운 일만 하고 있다면, 직장에서 무엇을 배우고 있는지를 질문하라.
· 상사가 지원이나 코칭을 잘 해주지 않는다면, 어떻게 지원을 받고 어떤 코칭을 받고 싶은지를 표현하라.
· 자신의 장기적인 목표와 가치가 회사와 맞지 않는다면, 이직을 고려하라.[1]

이 글을 나에게 대입하고 답해보았다.

'나는 직장에서 매일 많은 것을 배우고 있나?'

'나는 회사에서 유용한 사람이고 그만한 가치를 인정받고 있는가?'

이 두 질문 모두에 'Yes'라는 대답을 하지 못했고, 이직을 결심하게 된다. 새롭게 배우는 것이 없고, 내가 배운 것을 유용하게 사용하지 못하고 있는데 이곳에서 안주하고 있을 이유가 없었다.

○ 좋은 포트폴리오를 만들려면 ○

이직 준비를 시작했다. 먼저, 해야 할 일들을 리스트로 정리했다. 자기소개서를 새로 작성하고, 포트폴리오를 준비해야 했다. 포트폴리오인 웹사이트 업데이트가 가장 먼저 해야 할 일이었다. 마지막 업데이트가 아주 오래전이었기 때문에 완전히 새롭게 만들기로 마음먹었다.

그런 다음 나 자신에게 '좋은 포트폴리오란 무엇인가?'라는 질문을 했고 그 답을 찾기 위해 여러 자료를 검색하고 조사했다. 며칠 동안 수많은 포트폴리오를 살펴보면서 배울 점과 피해야 할

점을 정리했다. 왜 이 포트폴리오는 감각적으로 보이고, 어떤 것은 부족하게 느껴지는지 이해하게 되었다.

또한 디자이너들이 일반적으로 몇 개의 작품을 포트폴리오에 올려놓고, 각 작품의 평균 길이는 얼마나 되는지 등을 관찰하고 분석하면서 데이터로 정리했다. 이 과정을 거치자 '좋은 포트폴리오란 이런 것이구나'라는 감이 확실히 잡혔다.

다음으로 '내 현재 포트폴리오와 좋은 포트폴리오의 차이는 무엇인가?'를 질문했다. 그 차이점을 찾아내 내 포트폴리오에 적용할 수 있도록 최대한 구체적으로 정리했고, 이 차이를 줄이기 위해 노력했다.

매일 저녁 퇴근 후, 집에 돌아와 컴퓨터를 다시 켜고 웹사이트를 새롭게 만들었다. 마이크로소프트에서 했던 프로젝트들을 정리하고, 스토리 라인이 맞지 않으면 갈아엎기를 반복했다.

이후에는 주변 사람들에게 도움을 청하며 포트폴리오를 개선하기 시작했다. 거의 모든 디자이너들에게 포트폴리오를 검토해 달라고 부탁하고, 그들의 피드백을 수용하려 노력했다.

"이 작품이 무슨 이야기를 하는지 잘 모르겠어요"와 같은 추상적인 피드백부터 "이 작품에서 이 이야기는 필요 없으니 빼는 것도 좋을 것 같아요"와 같은 구체적인 피드백까지 받았다. 이러한 다양한 의견을 해석하는 것은 나의 역량이고, 받아들일지 말지 결정하는 것도 나의 몫이었다.

포트폴리오를 완성하고 이직하고자 하는 직장에 지원했을 때 생각보다 반응이 빠르게 왔다. 드롭박스, 아마존, 구글 등에서 면접을 보자는 연락이 하나둘 오기 시작했다. 면접을 보면서 조금씩 내공이 쌓였다. 최고의 연습은 실전이라는 말을 실감했다. 이때 가장 중요한 것은 '복기'다.

'왜 나는 면접에서 탈락했을까?'

'면접관은 왜 나를 선택하지 않았을까?'

면접에서의 경험을 토대로 나의 부족한 부분을 개선하는 데 집중했다.

면접 시 또 다른 문제는 내 생각을 영어로 상세하게 표현하는 것이었다. 한국어로 말할 때 쉬운 예시를 들면서 10문장으로 표현한다면, 영어로는 나도 모르게 6문장 정도로 축약해서 설명하고 있는 나를 발견할 수 있었다.

'이게 영어의 문제일까, 생각의 문제일까?'

고민 끝에 '생각의 문제'라는 결론을 내렸다. 당시 나는 영어로 생각을 표현할 수 있는 능력은 있었다. 단지 한국어로는 말을 하면서 동시에 생각을 정리할 수 있지만, 영어는 그렇지 않았기 때문에 말을 하기 전에 생각이 완벽하게 정리되면 좀 더 표현이 자유로울 거라고 생각했다. 이 결론은 이직이라는 사이드 프로젝트에서 파생된 또 다른 사이드 프로젝트를 만들었다.

○ 답이 없다면 답을 정의하라 ○

생각의 정리가 필요했다. 디자인에 대한 내 기본적인 신념과 관점을 사전에 정리하여 면접관에게 어떤 질문을 받더라도 당황하지 않고 자신 있게 대답하고 싶었다. 그래서 글쓰기 플랫폼 브런치에서 작가로 활동을 시작했다.

디자인 프로토타이핑 툴에 대한 생각을 정리하고, 유능한 디자이너란 어떤 디자이너를 말하는지, 왜 현재 직장에서 이직을 고려하게 되었는지에 대한 글을 쓰면서 기본적으로 받을 수 있는 질문들에 대해 준비했다. 또한 면접을 보고 난 뒤에는 후기를 남겨 복기를 좀 더 확실하게 할 수 있도록 하였다. 글을 쓰는 것만큼 생각 정리에 도움이 되는 일이 있을까.

매주 금요일 오후 3시 30분부터 퇴근 전까지 글을 작성하는 습관을 갖게 되면서, 브런치 구독자를 5000명 넘게 만들 수 있었다. 지금은 루틴처럼 글을 쓰지는 않지만, 이직에 성공한 이후에도 사이드 프로젝트로 남았다.

결국 이 사이드 프로젝트는 해피엔딩을 맞이할 수 있었다. 매일 퇴근 후, 6개월 동안 포트폴리오를 고치고, 면접을 준비하고, 지인 디자이너들과 면담 혹은 상담을 한 결과, 마이크로소프트에서 디즈니로 이직에 성공할 수 있었다.

면접에서 떨어지는 일이 반복되다 보니 의욕도 같이 떨어지는 순간도 있었다. 가끔은 친구와 술 한잔을 기울이며 어려움을 털어내기도 하고, 때로는 포기할까를 고민하기도 했다.

하지만 그때마다 다른 직장에 다니는 내 모습을 상상했다. 지금 현재 직장보다 내 기준에 더 나은 곳, 배울 것이 더 많고 내가 좀 더 유용하게 쓰이는 곳, 그곳에서 일하는 모습을 상상하니 가슴이 뜨거워지는 걸 느낄 수 있었다. 이직을 했던 팀은 디즈니 랜드와 디즈니 월드에서 사람들이 쓰는 휴대폰 앱을 디자인하는 팀이었다.

디즈니 월드가 '세상에서 가장 행복한 곳'이라는 모토로 운영되는데, 그런 곳을 위해서 디자인을 한다는 게 가슴이 뛰었다. 마이크로소프트에서 파워포인트, 워드와 같은 생산성 툴만 디자인하다가 레저, 엔터테인먼트 분야의 새로운 지식을 배우게 되는 것 또한 매우 흥미로웠다.

또 나를 다시 일으켜 세워준 것은 주변 사람들의 독려와 응원이었다. 주변의 아는 디자이너들에게 자기소개서와 포트폴리오를 보여주며 피드백을 받았는데, 이후에도 나를 만날 때마다 "계획대로 잘 돼가고 있어? 더 도와줄 건 없고?"라고 하며 용기를 북돋아 주었다. 그런 말을 들을 때마다 그들의 기대에 부응하고 싶었고 동기부여가 되었다.

이 프로젝트는 다른 프로젝트와는 다르게 정해져 있는 답을 찾는 것이 아니라, 스스로 답을 만들고 찾아나가는 과정이었다. 악기 연주나 목공예 등을 배우는 것과는 성격이 다른 프로젝트였다. 각각의 프로젝트는 다른 특성을 가지고 있기 때문에 거기에 맞게 접근해 나가는 것이 중요하다.

정답이 없는 경우라면 내가 할 수 있는 선에서 답을 정의하면 된다. 포트폴리오를 어떻게 업그레이드해야 할지 방향을 잡지 못했을 때, 다양한 포트폴리오를 살펴보며 어떤 것이 좋은 포트폴리오인지에 대한 기준을 정하기 위해 노력했다.

세상에 답이 없는 문제는 그리 많지 않다. 찾아보고, 부딪치고, 질문하면 어느 정도 실마리를 찾을 수 있게 된다. 정답은 없을 수 있지만, 해답은 여러 개인 셈이다. 답이 없는 것이 아니라, 현재 내가 그 답을 모르고 있는 것뿐이다. '도대체 잘한다는 게 뭐야?'라는 질문에 아직 답할 준비가 안 되어 있는 것이다. 그래서 초보 단계일 때는 답을 내는 것보다 어떤 질문을 해야 할지 아는 것이 중요하다.

이런 프로젝트를 하고 나면 자신감이 붙는다. 새로운 분야에서 답이 없는 일에 도전하더라도, 자체적으로 답을 찾아내고 프로젝트를 진행할 수 있는 능력이 향상되기 때문이다. 회사에서 본업을 하면서 배우고 성장하지만, 스스로 계획하고 진행하는 프로젝트에서 문제를 해결하며 얻는 것이 훨씬 많다. 그리고 그 프로젝트에서 결실을 맺었을 때만큼 즐겁고 짜릿한 경험은 없다.

일하지 않고 돈 버는
시스템 구축하기

04

주위 사람들은 나를 치열하게 사는 사람이라고 생각하지만, 내게는 게으르게 살고 싶은 욕망도 있다. 다른 말로 하면, 적게 일하거나 일하지 않고 돈을 벌고 싶다는 말이다. 이 사이드 프로젝트는 직장인으로서 얻는 소득 이외에 다른 소득을 얻는 방법이다.

세상에는 크게 3가지 종류의 소득이 있다.

노동 소득, 자본 소득, 사업 소득

회사에 다니면서 시간을 돈과 바꾸는 행위는 '노동 소득'에 해당한다. 내가 가지고 있는 기술이 시장에서 얼마나 쓸모 있느냐가 가치를 결정한다. 내 시간을 맞바꾸어 돈을 버는 방식이므로 한계가 있을 수밖에 없다. 모든 사람에게 하루에 24시간이라는 시간이 정해지기 때문이다. 노동 소득으로 하루에 10만 원을 벌던 사람이 12만 원을 버는 것은 가능하지만, 하루에 100만 원을 버는 일은 거의 불가능하다.

두 번째로, 돈이 돈을 벌어오는 소득은 '자본 소득'이다. 여기에 부동산, 주식 투자 등이 속한다. 얼마나 벌 수 있을지는 자본의 크기가 결정한다.

같은 주식 투자를 해서 50%의 수익을 올렸다고 하더라도, 10만 원을 투자한 사람은 5만 원밖에 벌지 못했지만, 1억을 투자한 사람은 5000만 원을 벌 수 있다. 물론, 손실을 보는 경우에도 자본금이 크면 손실도 상대적으로 커진다. 초기 자본이 어느 정도 있어야 돈을 벌 수 있고, 변동성과 리스크를 관리할 수 있어야 한다.

마지막으로 '사업 소득'은 사업을 통해서 벌어들이는 수익이다. 사업 초기에 돈을 벌지 못하더라도 시간과 자본을 투자하여 수익을 창출할 수 있는 시스템을 구축해야 한다. 그리고 어느 정도 안정된 후에는 직접적인 개입 없이도 시스템이 자동으로 수익을 낼 수 있어야 한다.

직장인이라면 첫 번째와 두 번째 소득은 어느 정도 가지고 있다. 그러나 세 번째 소득인 사업 소득을 가진 사람은 많지 않다.

항상 직장인으로서의 삶과 별개로 사이드 프로젝트를 진행했지만, 결혼을 하기 전과 후의 사이드 프로젝트의 성격은 달라져야 했다. 결혼 전에는 반드시 결과를 내야 한다는 압박이 없었다. 관심이 생기면 일단 시작해 꾸준히 할 수도 있고, 나와 맞지 않거나 한계를 느끼면 중단할 수 있는 자유가 있었다. 그저 배우고 싶으면 시간을 투자해 배우고, 필요하면 중도에 포기하면 됐다.

하지만 모든 삶을 공유해야 하는 아내가 생긴 다음에는 사이드 프로젝트의 성과가 경제적으로 보탬이 되면 좋겠다는 생각이 들었다. 시간을 유익하게 활용하고 있음을 보여주고, 결과물이 나왔을 때의 기쁨을 함께 누리고 싶었다. 그래서 이번에 진행하는 사이드 프로젝트는 수익 창출이라는 구체적인 목표를 세웠다.

조기 은퇴를 꿈꾸는 것은 아니지만, 일을 하지 않는 동안에도 돈을 벌 수 있는 시스템을 만들어야겠다는 생각은 결혼을 하고 나서부터 계속 머릿속에 맴돌고 있었다.

현재 노동 소득이 내 대부분의 소득을 차지하고 있지만, 나이가 들어 힘이 없어지면 노동 소득은 더 이상 높이기 힘들기 때문에 자본 소득과 사업 소득의 비중을 점점 높여야 했다. 노동 소득을 조금씩 자본 소득과 사업 소득으로 대체하고 이를 더욱 높이는 것이 가장 이상적일 것 같았다.

노동 소득 외에 다른 소득을 올릴 수 있는 방법을 고민했다. 종합 인터넷 플랫폼 아마존에서 물건을 팔거나, 중국 알리익스프레스에서 물건을 떼 와 미국에 팔아보는 방법도 생각했다. 무엇을 할지 구체적으로 정하지 않고, 자료조사 차원에서 광범위하게 검색하고 있었다.

그러던 중 유튜브 영상을 보게 되었는데, 영상 제목은 '에어비앤비에서 한 달에 1만 달러를 벌고 있습니다. 이렇게 하세요'였다. 요세미티 근처의 집을 소개하면서 에어비앤비로 수익을 내고 있다는 내용이었고, 방법은 간단했다. 집을 구매해서 인테리어를 예쁘게 하고 에어비앤비에 내놓는 것이다.

'이 정도는 나도 해볼 수 있겠는데?'

다른 분야들을 검색했을 때는 오지 않았던 느낌이 한순간에 왔다. 이제 그 느낌을 현실로 구체화해야 할 때였다.

웹사이트 AIRDNA(https://www.airdna.co)를 통해 요세미티에서 운영하는 에어비앤비 시세를 파악하고, 예상 수익을 엑셀로 계산했다. 그리고 요세미티 근처에 나온 집 매물들을 살펴보기 시작했다. 하룻밤 숙박비, 인기 있는 숙소의 크기와 인테리어, 그리고 주택 가격 등을 고려했을 때 대출을 받아 집을 구매해도 승산이 있어 보였다.

1년간 요세미티에 오는 방문객 수는 평균 400만 명이다. 다른 숙소보다 더 쾌적한 환경을 제공하는 데에도 불구하고 예약이 들어오지 않는다면 가격의 문제지, 주변에 숙박업 상권이 형성되지 않아서는 아니었다.

만일 손님이 없어 처음에 예상했던 가격보다 내려도 운영에 큰 손해를 보는 것은 아니라는 계산이 나왔다. 최악의 경우, 사업 운영이 힘들다면 시세 차익을 보고 집을 매매하면 그만이었다. 구체적으로 알아볼수록 리스크가 크지 않다는 결론을 내릴 수 있었다.

부동산에 연락해 본격적으로 시장에 나온 매물들을 보기 위해, 주말마다 요세미티 근처로 편도 4시간, 왕복 8시간 넘게 운전하면서 집을 보러 다녔다. 이 일도 쉬운 일은 아니었다. 장거리 운전은 둘째 치고 좋은 매물을 찾기가 쉽지 않았다.

외곽에 있어 뷰가 좋으면 집 관리가 안 되어 있었고, 집 관리가 잘 되어 있으면 뷰가 좋지 않았다. 가격도 좋고 모든 조건이 완벽한 집이 없다는 걸 깨달은 순간, 어느 한 조건을 포기해야 했다.

포기한 조건은 결국 요세미티까지의 거리였다. 요세미티에서 차로 1시간 이내 반경에 있는 집을 구하고 싶었지만, 조금 더 떨어진 1시간 20분 거리의 지역에 마음에 드는 매물이 나왔다. 뷰도 좋았고, 주방과 바닥 그리고 화장실만 수리하면 되는 정도였다.

대지는 약 12,000평 정도였고 집은 45평에 방 4개, 화장실 3개였는데, 대지는 넓었지만 화강암 지대라서 큰 돌들이 많아 땅은 거의 쓸 수 없었다. 하지만 한적한 산자락에 자리해 있어 드넓게 펼쳐진 산이 멋진 뷰를 만들었다.

이틀 정도 고민하고 덥석 계약을 했다. 계약서를 작성하고 통장에서 큰돈이 사라지는 순간이었다. 망설여지기도 했지만, 계산 결과를 믿었고 리스크가 크지만은 않다고 판단해 밀어붙일 수 있었다.

이제 이 집은 내 집이 되었다. 그 말을 다르게 하면 이번 달부터 대출금을 납부해야 된다는 의미다. 집을 사기 전에는 장점이 많아 보였는데, 사고 난 뒤에는 고쳐야 할 곳이 더 선명하게 눈에 들어왔다.

유튜브를 통해 리모델링과 인테리어에 대한 유용한 팁을 배우고, 이를 바탕으로 할 일 목록을 작성했다. 내가 직접 나서서 하나부터 열까지 챙기지 않으면 이 프로젝트는 말 그대로 '멈춤'이었다.

공사 초반에는 공구를 다루는 데 어느 정도 자신이 있었고, 처음 시작하는 사업이기 때문에 셀프 공사를 진행하여 비용을 절감하는 방향을 생각했다. 이게 사람들이 흔히 이야기하는 '사장의 마인드'인가 싶었다. 하지만 잘못된 판단이었다. 돈보다 중요한 것은 시간이었다.

정리한 리모델링 체크리스트를 빠르게 지워가며 일을 하나씩 해치워 나가야 했다. 평일에는 회사 업무에 충실해야 했기 때문에 시간 배분에 신경을 썼다.

빠르게 수익으로 전환해내지 않으면 시간이 갈수록 손해가 나는 게 사업이다. 다른 일과는 다르게 사업에는 '꾸준히 나가는 비용'이라는 게 존재한다.

매달 갚아야 하는 대출금이 있었기 때문에 시간이 지체되면 지체될수록 금전적인 손해가 피부로 와닿았다. 이 과정에서 다시 깨달았다. 개인 프로젝트를 진행할 때 동기부여가 필요하면 큰돈을 투입하면 된다. 큰돈이 들어가면 아까워서라도 반 강제적으로 동기부여가 된다.

주말마다 풀타임으로 리모델링 작업을 진행했다. 이때마다 왕복 8시간의 운전은 덤으로 따라왔다. 일부는 직접 하고, 내가 처리할 수 없는 부분은 기술자를 불러 전화로 감독하고 관리했다.

○ 모든 일은 문제 해결의 연속이다 ○

무엇 하나 생각처럼 매끄럽게 진행되지 않았다. 주방을 철거하기 위해 견적을 받고 가격을 비교했다. 철거라는 건 단순히 부수는 일인데 인부의 실력이 무슨 문제가 될까 싶어 이 사람이 성실한 사람인가를 보지 않고 단순히 가장 저렴한 곳으로 선택했다.

그러나 뜻밖의 문제들이 나타났다. 철거하는 시간이 길어진다는 이유로 비용을 계속 청구하기 시작했다. 그리고 어느 순간 일을 하기로 한 날에 나오지 않고, 연락이 닿지 않는 일이 빈번히 일어났다. 갑자기 급한 일이 생겼다는 이상한 핑계를 댄 후 연락이 두절되었다. 그 인부는 하루 일하고 돈을 지급받는 방식이었으므로, 굳이 작업을 끝까지 마무리해야 하는 이유가 없었다.

결국 내가 주말에 직접 가서 상황을 확인해야 했다. 집에 도착하자마자 충격적인 광경을 마주했다. 철거 작업은 아직 끝나지 않았고, 철거한 건축 폐기물은 집 앞에 그대로 쌓여 있었다. 내가 할 수 있는 조치는 없었다. 결국 폐기물 처리반까지 따로 고용해 처음부터 철거 전문가를 고용하는 것보다 더 많은 돈을 들여 처리해야 했다.

이 문제가 끝나자 새로운 문제가 시작되었다. 이케아에서 수납장을 주문했는데, 외진 시골에 있는 지역이라 배송이 한 달 반이 걸린다고 했다. 주방 공사를 시작하지 못하면 다른 공사도 진행할 수 없었으므로, 다른 방법을 강구해야 했다. 주소지를 바꾸어 내가 살고 있는 집으로 배송받을 수 있는지 문의했고, 현재 살고 있는 집은 도시였기 때문에 일주일 안에 받을 수 있다는 답변을 받았다.

그 다음은 내가 살고 있는 집에서 시골에 있는 집까지 어떻게 옮기느냐가 문제였다. 수납장의 크기 때문에 작은 트럭으로는 옮길 수 없었고, 누군가를 고용하여 배송을 시키자니 비용 문제가 있었다.

결국 내 차에 연결할 수 있는 트레일러를 빌리는 방법밖에 없었다. 한 번도 해본 적이 없는 트레일러를 이용해 수납장을 모두 옮겼고 우여곡절 끝에 주방 공사를 시작할 수 있었다.

다음은 뒷마당을 공사할 차례였다. 뒷마당에서 산이 보여 꾸며 놓으면 잘 활용할 수 있는 공간이었다. 문제는 거의 황무지에 가까운 곳이라는 점이었다. 뒷마당에 나가려면 먼지가 많이 날려 신발을 꼭 신어야 했다. 여러 옵션이 있었으나 결국 비용 문제로 귀결되어 콘크리트를 채우기로 했다.

콘크리트 공사 인부를 알아보았고, 총 5명을 만났다. 가격이 저렴했고 자신감도 있어 보이는 한 멕시코 인부와 진행하기로 결정했는데 실수였다. 그는 뭘 물어보기만 하면 다 할 수 있다고 자신 있게 이야기했다.

공사를 시작하기로 한 다음 주가 되었는데 연락이 되지 않았다. 아무리 전화를 하고 메시지를 남겨도 소용이 없었다.

공사는 원점이 되어 다시 전화를 돌리고 견적을 받아야 했다. 당시에는 머리가 아팠지만, 생각해보면 배운 점도 많았다. 싼 것은 항상 비지떡이고, 사람과 고용할 때는 믿음과 신뢰가 있어야 한다는 점이다. 이 일을 교훈 삼아 좀 더 비싼 금액을 지불하고 믿을 만한 콘크리트 전문 업체와 작업을 마칠 수 있었다.

다음은 가구를 채워 넣어야 할 순서였다. 45평이 넘는 집을 채우기 위해 침대 3개, 다이닝 테이블, 소파 등을 비롯한 가구를 구매하고 옮겨야 했다. 아내가 분위기와 가구들의 톤을 고르고 나는 그 분위기에 맞는 가구들을 구입하기 시작했다.

미국에서는 이케아를 제외한 다른 가구 브랜드에 주문을 하면 배송까지 보통 2~3개월이 걸린다. 하지만 나에게는 2~3개월이나 기다릴 만한 시간이 없었다.

가장 빠르게 가구를 살 수 있는 방법은 중고로 구매하는 일이었다. 당일 픽업이 가능하기 때문에 이사를 가는 사람에게는 더 적극적으로 연락을 취했다. 매물을 보고, 상태를 점검하고, 선금을 입금하고, 픽업 날짜를 약속했다. 모든 중고 가구들의 픽업 날짜를 같은 날로 잡아 트레일러를 빌려 샌프란시스코 전역을 돌아다녔다.

일을 시작하기 전에는 고속도로를 상상했는데, 진행해보니 울퉁불퉁 자갈만 가득한 도로를 달리는 느낌이었다. 한걸음 한걸음이 편하지 않고, 우당탕탕 좌충우돌하며 연이어 터지는 문제들을 해결하는 식이었다.

○ 문제 해결에 필요한 자세 ○

집 리모델링을 마친 후에는 행정적 업무를 처리했다. 필요한 허가를 받고, 세금을 등록했다. 그 다음으로는 에어비앤비를 운영하고 청소를 해줄 수 있는 업체를 찾았다. 이 부분은 결국 소개를 통해서 해결이 되었고, 현재까지 처음 일을 시작한 업체와 좋은 관계를 유지하고 있다.

에어비앤비를 오픈한지 2년이 되었는데 만족할 만한 수익을 얻어, 현재 하나를 더 늘려서 2채를 운영하고 있다. 결과는 성공적이었지만, 성공까지 가는 길은 난관의 연속이었다. 다시 말하면 난관을 통한 배움의 연속이었다.

특히 실력 있는 기술자들의 태도에서 많은 것을 배웠다. 예를 들어 나는 조립식 수납장을 구매했는데 생각과 다르게 조립이 잘 되지 않으면 먼저 감정이 반응한다. 짜증이 나면서 사용설명서를 왜 이렇게 이해하기 어렵게 만들어놨는지, 수납장 퀄리티는 왜 이렇게 낮은지 불평을 쏟는다.

하지만 함께 작업한 전문가들은 잘 되지 않은 이유에 대해서 침착하게 하나하나 따져 보았다. 수납장을 조립하는 것이 목표라면 짜증을 내거나, 재료 혹은 제조사를 탓하는 것은 전혀 도움이 되지 않는다.

전문가들은 원인을 찾고, 문제를 하나씩 해결해 나가는 데 초점을 맞추었다. 무언가를 탓하면서 감정을 소모하지 않고, 차분히 문제를 해결해 나가는 자세를 배울 수 있었다.

사실 우리가 일상에서 마주하는 중요한 일은 모두 문제를 해결하는 일이다. 가끔은 문제가 극명하게 드러날 때도 있지만, 문제가 수면 위로 올라와 있지 않아 어디에서 문제가 발생했는지조차 알 수 없는 경우가 다반사다. 그래서 회사에서 인재를 뽑을 때도 문제 해결 능력을 중요하게 여기는 게 아닐까 생각해본다. 문제를 파악하고, 문제를 해결하기 위한 가장 효율적인 방법을 찾아내 앞뒤 돌아보지 않고 실행하는 능력, 그 능력을 가지고 있다면 세상 부러울 게 없지 않을까?

만약 다시 한다면 훨씬 더 잘할 수 있을 것 같다. 스트레스를 많이 받았지만, 그 치열함이 나를 더 신나게 만들어 주었다. 세상에 완벽한 선택은 없다. 모든 경험이 나를 더 강하게 만들고, 성장시킨다는 것을 잊지 말자.

애쓴 시간과 흔적은
결국 내가 된다

05

나는 대학생 시절, 앞으로 무엇을 더 공부하고 싶고 어떤 일을 하면서 내 삶을 꾸려 나가고 싶은지에 대한 생각이 없었다.

왜 많은 학과 중에 '산업공학과'를 선택했을까? 어릴 적부터 재고 관리와 생산 관리 혹은 물류에 대해 호기심을 가지고 있었던 것인가. 그렇지 않다. 이 과를 선택한 이유에 대해 마음을 다해 대답할 수 없었다. 내 수능 점수로 갈 수 있는 학교와 학과 내에서 선택한 것이었다.

산업공학에 대한 흥미 없이 대학생활을 시작했으니, 공부를 잘할 리가 없었다. 자주 수업에 빠졌고 심지어 시험을 보지 않기도 했다. '높은 학점을 받으면 좋은 곳에 취업할 수 있다'며 나에게 동기부여를 해주는 선배도 있었지만, 그것이 내게 진정한 자극이 되지 않았다. 나는 그냥 하고 싶은 것을 추구하고자 했던 사람이었다.

그런데 공부는 누가 시켜도 절대 하지 않던 내가 다른 사람이 말려도 하던 것이 있었다. 바로 기타였다. 동아리에서 합주를 할 때 내 기타 소리와 다른 연주자들의 소리가 하나가 되는 느낌이 좋았다. 합주에서 내 기타가 빠지면 밴드의 소리가 완성되지 못하니, 나의 가치를 절대적으로 인정받는 느낌이었다. 주변 사람들에게 기타를 잘 친다는 소리를 듣고, 나에게 기타를 가르쳐달라고 하는 후배들이 생기면서 재미를 더해갔다.

도서관에서 공부를 하다가도 기타 생각이 났다. 동아리방에 가서 연습하다 보면 몇 시간이 훌쩍 지나 있었다. 그러다가 결국 마음속에 있던 열망이 터지고야 말았다. 나는 부모님께 왜 공대에서 공부를 해야 하는지 모르겠다고 고백했다.

"공대는 자퇴하고, 기타로 서울예대 실용음악과에 다시 입학하고 싶어요."

당연히 부모님은 나를 만류했다. 기타를 전공하면 공부하는 것보다 훨씬 힘든 길을 걸어야 된다고 설득하셨다. 동아리 선배들도 같은 입장이었다. 그러나 나는 기타를 치는 일이 행복했고, 미래에 대한 걱정을 앞당겨서 하기 보다는 하고 싶은 일을 하면서 살겠다며 고집을 꺾지 않았다.

내 이야기는 교수님 귀까지 흘러 들어갔고, 면담을 하게 되었다. 교수님께 내가 얼마나 기타를 좋아하는지 말씀드렸다.

"교수님, 저는 기타 치는 것이 정말 좋아요. 현재 계획은 없지만, 기타를 치다 보면 길이 보일 거라고 생각합니다."

"그래, 네가 왜 기타를 치고 싶은지는 다 알고 이해해. 그런데 이런 관점에서 생각해보면 어떨까? 기타리스트가 기타를 잘 치는 건 당연한 일이지 멋있는 일은 아니야. 그런데 의사가 기타를 잘 친다, 이건 멋있는 일 아니야?"

그 말을 듣고 공감해서 기타의 꿈을 접고 성실한 학생으로 돌아갔다, 라고 한다면 해피엔딩이겠지만, 당시 그 말이 와닿지 않았다. 울며불며 부모님과 교수님을 간절하게 설득했다. 그 결과, 실용음악과로 다시 입학을 한다는 목표를 세우고 한 한기 동안 기타 연습에 매진할 수 있었다. 조건은 기타를 배우는 선생님으로부터 "이 학생은 가능성이 있습니다. 서울예대에 도전해볼 만합니다"라는 평가를 받는 것이었다.

결과는 실패였다. 한 학기 동안 매일 10시간 넘게 연습했지만, 서울예대의 문턱은 높았다. 학원을 다녀 보니 좋은 예술대학교의 실용음악과에 지원하기 위해 재수와 삼수를 한 학생을 흔하게 찾아볼 수 있었고, 나와 같이 기타를 배우던 한 선배는 내 기준에서는 누구보다도 뛰어난 실력을 가지고 있었지만 현재 삼수 중에 있다는 이야기도 들려왔다. 그만큼 기타라는 예체능 분야에서 두각을 드러내기 위해서는 뼈를 깎는 노력과 인고의 세월이 필요했다. 그런 분야를 단 한 학기 만에 해보려고 했으니, 마치 계란으로 바위 치기를 하는 격의 도전이었다.

기타 선생님께 "가능성이 있습니다"라는 이야기를 들을 만큼 실력을 증명하지 못한 내가 예대 실기 시험에 통과할 리는 만무했다. 그래도 시도는 해봤다는 생각에 여한은 없다. 이후 나는 군대에 입대하게 되었다.

○ 내가 어떤 사람인지 알아가는 즐거움 ○

세월이 흘러 추억을 곱씹어보니, 교수님의 말씀이 내 안에 남아 '본업 이외에 다른 일을 잘하는 사람이 되면 더 멋있는 사람이 될 수 있다'는 생각이 자리 잡게 된 것은 아닐까 생각해본다.

이 경험 덕분에 본업인 디자인 외에 다른 분야에서도 수준급 이상으로 잘하겠다는 목표가 생겼는지도 모른다. 물론 전문가 수준까지는 도달하지 못할 수 있지만, 그래도 초보 수준은 벗어나겠다는 마음이 가득하다.

백만장자들의 인터뷰를 본 적이 있다. 백만장자가 될 수 있었던 비결에 대해 질문했는데, 그들이 하나같이 입을 모아 공통적으로 한 답변이 있었다.

"저의 수입원은 한 가지가 아닙니다. 본업으로 하고 있는 비즈니스 외에도 부동산 수입, 주식 수입, 인세 수입, 강연 수입, 사업 수입 등이 들어옵니다."

여러 수입원이 백만장자들을 더욱 부유하게 만들어주고 있었다. 단순히 부자여서가 아닌, 끊임없이 새로운 분야에 도전하고 수익으로 결과를 입증한 그들이 멋있어 보였다. 본업 외에도 잘하는 일이 있다는 의미 아닌가. 앞서 교수님의 말씀처럼 의사가 기타까지 잘 치는 격이다.

본업 이외에 다른 일을 잘하는 것은 매력적이다. 나 역시 디자인 외에 다른 일도 잘하고 싶은 욕심이 있었다. 그래서 본업에 충실하게 시간을 보내는 한편, 앞서 소개한 사이드 프로젝트 사례

외에도 다양한 시도를 했다. 사진을 찍어 업로드할 수 있는 사진 포트폴리오 웹사이트를 만들기도 했고, 음악을 만들고 싶어 뮤직 프로덕션을 배우기도 했다. 처음으로 집을 장만했을 때는 직접 인테리어를 하고 싶어 타일 붙이는 법을 연습하고, 가구를 디자인하고 만들고 싶어 목공을 더 깊이 있게 배우기도 했다.

탐구하고 배우면서 내 인생이 더 다채롭고 풍요로워질 것이 분명했기 때문이다. 실패하더라도 질책할 사람이 없었고, 실패를 거듭해 결국 성장하는 일이 재미있었다.

사이드 프로젝트는 내 본업과 관련이 있기도 하고 전혀 다른 분야이기도 했다. 무엇이든 내가 선택할 수 있어 자유롭고, 순수한 호기심을 충족시킬 수 있어 삶의 원동력이 되었다. 그래서 항상 사이드 프로젝트와 함께했는지도 모르겠다.

여러분은 어떤가? 일에 대해서 어떤 철학을 가지고 있는가? 대부분 본업은 '내가 잘하는 일'일 확률이 높다. 내가 잘하는 일이기 때문에 회사의 발전에 기여하고 그 대가로 월급을 받을 수 있다. 그러나 이 일은 순수한 지적 호기심을 충족시키기에는 어려움이 있다. 회사의 목표가 수익 창출과 발전이지, 개인의 호기심 충족이 아니기 때문이다.

나는 디자인하는 일을 좋아하지만, 회사 일이 내 호기심과 재미를 완전히 채워주고 있다고 말하기는 힘들다. 회사 일은 내가 처음부터 끝까지 주도권을 가질 수 없고, 재미있게 해야 하는 일이라기 보다는 잘 해야 하는 일이다. 그래서 나는 사이드 프로젝트를 통해 개인적인 호기심과 재미를 채워나가고 있는 중이다. 사이드 프로젝트는 내가 온전하게 컨트롤을 할 수 있고, 항상 잘 해야만 하는 일이 아니기 때문이다.

또 본업에서 프로젝트를 실패하면 큰 타격을 입지만, 사이드 프로젝트는 실패해도 타격이 크지 않다. 시도해보고 실패해도 괜찮다.

하지만 전제 조건이 있다. 본업을 잘하면서 다른 일을 잘해야 한다. 본업이 흔들리는데 이것저것 기웃거리는 것과는 다른 결의 이야기다. 하나를 잘 해내는 사람은 다른 일도 잘 해내기 마련이고, 하나를 잘 해내지 못하는 사람은 다른 일도 잘 해내지 못할 가능성이 높다.

본업은 '해야 할 일'이고 사이드 프로젝트는 '하고 싶은 일'이기 때문에 사이드 프로젝트로 인해 본업에 소홀해질 수 있는데, 본업이 흔들리면 결코 사이드 프로젝트를 잘 해낼 준비가 되어 있다고 볼 수 없다. 사이드 프로젝트가 단발적으로 관심 있는 것에 몰입하는 일이라면, 본업은 오랜 시간을 들여 커리어를 쌓고, 내가 하는 모든 일의 뿌리가 되는 일이기 때문이다.

본업과 사이드 프로젝트는 모두 나에게 영향을 주고, 그 시간과 노력은 결국 내가 된다. 과거 모든 프로젝트들이 내 삶을 만들어왔듯이, 당신의 프로젝트도 삶을 만들고 미래에 어떤 방식으로든 영향을 끼칠 것이다. 그런 당신의 프로젝트를 응원한다.

Chapter 3

나만의
알찬 저녁 루틴을
만드는 법

여기 본업 이외에 사이드로 무언가를 하고 싶은 한 사람이 있다. 사이드 프로젝트로 무엇을 할지 고민을 하는 중에 우연히 동기부여 강의를 듣고, 삶을 바꾸고 싶은 마음이 간절해졌다. 일단 닥치는 대로 시작했다.

패시브 인컴(Passive income, 최소한의 노력이나 노동으로 발생하는 소득)을 얻기 위해 하루 2시간씩 주식과 부동산 공부를 시작했다. 건강한 몸을 만들기 위해 운동화, 운동복, 필요 장비들을 구입하고 운동을 시작했다. 또한 커리어를 위해 일주일에 2회씩 학원에 다니며 영어회화 공부를 시작했다.

이런 시간들이 쌓이면 주식과 부동산으로 큰 부를 거머쥐고, 몸짱이 되어 바디프로필을 찍으며, 회사에서 외국인 클라이언트와 영어로 대화할 수 있을 거라고 생각했다.

하지만 현실은 상상과 다르다는 것을 쉽게 예상할 수 있다. 1~2주는 견딜 수 있겠지만, 한 달이 넘어가면 한꺼번에 시작한 사이드 프로젝트로 인해 시간의 한계에 부딪치게 된다.

한두 번씩 미루다가 재테크 노트, 운동 장비, 영어책은 점점 방치되어 찾지 않는 물건이 되고, 지쳐서 공부도 운동도 포기하게 되었다. 그는 자신의 삶에 있는 문제를 모두 해결하고 싶었지만, 어느 것도 이루지 못했다. 너무 많은 것을 하려는 것은, 아무것도 하지 않은 것만 못하다.

우리는 종종 삶의 문제를 한꺼번에 해결하려고 한다. 짧은 시간 안에 성과를 내기 위해 의욕과 에너지를 모두 소진해 버리면 결국 남는 것이 없다. 시간을 들여 한 단계 한 단계 꾸준히 쌓아가야 원하는 수준에 도달할 수 있다.

그래서 너무 많은 것들을 바꾸기 보다는 중요한 것 한두 개를 먼저 바꿔야 한다. 이번 챕터에서는 사이드 프로젝트의 주제를 선정하고 관리하는 법에 대해 알아보자. 본론으로 들어가기 전에 다음 질문에 답해보자.

· 자신의 삶에서 가장 중요한 것은 무엇인가?
· 누구와 가장 많은 시간을 보내고 싶은가?

· 어떤 시간, 어떤 활동을 할 때 가장 의미 있게 느껴지는가?

· 시간과 돈에 제약이 없다면 무엇을 하겠는가?

· 행복을 위해 단 한 가지만 한다면 무엇을 하겠는가?

이 질문들은 추상적이기도 하고 대답하기 어렵다. 현재 인생의 어떤 단계를 사느냐에 따라서 답이 바뀌기도 한다. 대학생인지 직장인지, 20대인지 40대인지에 따라 대답이 달라질 수밖에 없다. 삶의 근간이 되는 중요한 질문이지만, 바쁜 일상에 치이다 보면 답을 고민해볼 겨를이 없다.

변화는 질문에서부터 시작한다. 질문하지 않고 답하지 않으면, 일상에 몸을 맡긴 채로 살아가게 된다. 자신에게 중요한 것이 무엇인지, 그리고 무엇을 추구해야 할지에 대해 생각해볼 시간이다.

이 질문들에 대한 당신의 대답은 무엇인가. 이 답은 결국 자신의 가치관과 연결되어 있다. 만약 이것이 프로젝트의 근간이 된다면 이보다 강하게 동기부여를 해주는 것은 없을 것이다. 이 챕터를 시작하기 전에 잠시나마 앞 질문에 대해 생각해보자. 이 질문에 답을 하고 나면 사이드 프로젝트의 주제를 고르기가 한층 쉬워질 것이다.

당신의 목표가 실패하고
무너졌던 이유

목표가 중요하다는 것을 모르는 사람은 없지만, 각기 다른 목표를 실현하는 방법을 아는 사람은 많지 않다. 또한 그 방법을 안다고 하더라도 훈련이 필요하다.

누구에게나 시작만 하고 끝을 보지 못한 프로젝트가 있는데, 나 역시 그랬다. 어릴 때부터 기타를 쳤고 작곡에 관심이 많아 앨범을 만들어 세상에 내놓는 것이 목표였으나, 시도만 하다 끝나 버리고 말았다.

결과를 만들어낸 프로젝트와 결과를 만들어내지 못한 프로젝트의 차이는 무엇일까? 중도에 포기한 프로젝트의 경우를 복기해 보면, 진행시킬 만한 힘이 부족했다. 스스로를 독려하지 못했고, 귀찮고 피곤한 날에도 꾸준히 내 몸을 끌고 움직일 정도의 동기를 찾지 못했다.

반면 내 미래에 영향을 준 성공한 프로젝트들은 '올바른 목표 설정'과 '동기'가 합치되어 있다. 여기서 말하는 '올바른'은 나의 시행착오에 의해 만들어진 것이지, 정답이라는 의미는 아니다. 각자의 목표 설정 방법은 다를 것이고, 나는 시작점을 제시 혹은 추천하고 싶을 뿐이다.

○ 목표를 설정하기 전에 반드시 해야 하는 질문 ○

당신의 목표가 실패하고 무너졌던 이유는 무엇일까? 목표를 설정하기 전에 다음 3가지 질문을 자신에게 던져보자.

1. 평소에 이 일이 머릿속에 맴도는가?

개인 프로젝트는 누가 시켜서 하는 일이 아니다. 나 혼자 묵묵히 꾸준히 진행해야 한다. 상사의 압박도 없고, 빨리 결과를 달라고 독촉하는 클라이언트도 없다. 스스로 목표를 세우고 성취하면서 이끌고 나가야 한다. 그렇기 때문에 머리가 시키는 일이 아닌 가슴이 시키는 일을 해야 한다고 말하는 것이다.

가슴이 시키는 대표적인 일, 연애를 예로 들어보자. 만약 누군가를 좋아하기 시작하여 그 감정이 점점 커지고 있다고 가정해보자. 수시로 그 사람 생각이 떠올라 무엇을 먹었는지, 지금 무엇을 하는지, 신변은 안전한지 등 불필요하고 전혀 나에게 도움이 되지 않는 정보까지 궁금해진다. 그 사람을 생각하기 위해 노력하지 않아도 수시로 떠오른다. 업무에 방해가 될 때도 있어 오히려 생각하지 않으려고 노력하는 때가 많다. '이 사람을 좋아하면 내게 큰 이득이 생길 거야'가 아니라 '그냥 끌린다'처럼 이유를 설명하기 어려운 일은 가슴이 시키는 일일 때가 많다.

이 에너지의 대상을 개인 프로젝트로 바꿔보자. 가슴이 시키는 일을 할 때면 3~4시간이 순식간에 지나가 있다.

머리가 시키는 일은 이득과 손실을 따져 얻는 것이 더 많을 때 열심히 하는 일이고, 가슴이 시키는 일은 이득과 손실을 따지기 전에 무조건 해야만 될 것 같은 느낌이다. 이성은 원하지 않아도 필요하면 해야 하는 일이라고 판단하지만, 가슴은 감정에 솔직하게 반응한다. 감정은 거짓말을 하지 않는다.

또한 가슴이 시키는 일은 단박에 알아차릴 수 있지만, 머리가 시키는 일은 분석하기 바빠서 단박에 알아차리기 힘들다. 이 현상을 분석마비(Analysis paralysis)라고 하는데, 정보 과다로 인한 분석 불능 상태를 의미한다. 생각이 너무 많아서 아무런 결정도 내리지 못하는 상태에 빠지는 것이다. 세상에 완벽한 것은 없기 때문에 낱낱이 분석하다 보면 장점과 단점이 공존하기 때문이다.

내 안의 소리에 귀 기울여 보라는 상투적인 조언은 필요 없다. 가슴이 시키면 자신이 안다. 배가 고프면 음식을 먹고 싶은 것처럼, 가슴이 원하는 일이면 굳이 귀를 기울이지 않더라도 알아차리게 되어 있다.

가슴이 시키는 일을 시작하면 처음 일어나는 현상이 그 생각이 끊임없이 떠오르는 것이다. 소파에 앉아 잠시 숨을 돌리거나, 커피를 마실 수 있는 여유로운 시간에 가장 먼저 그 프로젝트가 떠오른다.

입가에 미소가 지어지면서 '무언가 처음 배우기 시작했다면 어떻게 더 빨리 잘할 수 있을까, 일을 진행하고 있다면 다음 단계는 무엇을 하면 좋을까?' 생각하게 된다. 자신이 좋아하는 일을 할 때는 오히려 생각을 멈추기 위해 노력해야지, 잊지 않기 위해 노력하지 않아도 된다.

2. 만약 누군가가 와서 이 일을 하지 말라고 해도 계속할 수 있는가?

프로젝트의 목표를 가슴이 뛰는 일로 설정했다고 가정해보자. 그 일을 하는 내 모습을 상상하는 것만으로도 기분이 좋아지는데, 누군가 내게 와서 "그거 해서 뭐해? 하지 마. 시간만 낭비할 뿐이야"라고 했다. 이런 말을 들어도 프로젝트를 진행해 나갈 수 있을 것인가?

꾸준히, 매일 혹은 며칠에 한번 프로젝트를 진행해 나가는 일은 쉽지 않다. 특히 본업이 있는 경우 더욱 방해요소가 많다. 퇴근후 녹초가 되어 그저 쉬고 싶은 마음이 가득할 수도 있고, 프로젝트 진행이 부진한 가운데 친구가 요즘 힘든 일이 있다며 술 한잔하자는 제안을 할 수도 있다. 사이드 프로젝트를 하려면 크고 작은 유혹들을 이겨내야 한다. 우리의 삶은 결코 한가하지 않아서 사이드 프로젝트가 우선순위에서 뒤로 밀려나게 될 수도 있다.

처음 사이드 프로젝트를 시작할 때는 내가 하고 싶은 일들을 하면서 시간을 보낼 수 있다는 생각에 마음이 들뜨는데, 문제는 이 시기가 지나고 어느 정도 익숙해졌을 때다. 하다 보니 맞지 않은 것 같고, 진전이 없어 보이면 흥미가 떨어지면서 프로젝트와의 권태기가 찾아온다.

이때 우리는 한번 더 생각해봐야 한다. 어떤 부분에서 재미를 덜 느끼는지, 왜 진행이 더디다고 느껴지는지, 처음과 어떤 점이 달라졌는지 등을 생각하면서 시스템을 점검해보는 것이다.

계획과 다르게 사이드 프로젝트가 진행되지 않는 날이 많아지면 자책하게 되고, 가슴 뛰게 했던 일은 짐이 되어 버린다. 그렇다고 본업을 제쳐 두고 사이드 프로젝트를 해야 한다는 의미가 아니다. 해야 할 일은 늘 넘쳐나고, 예상치 못한 일이 일어날 수 있다는 것을 염두에 두어야 한다는 의미다.

그럼에도 불구하고 프로젝트를 진행해 나갈 수 있는가? 해야만 하는 일을 마친 뒤에 또 다른 해야만 하는 일을 제쳐 놓고 '하고 싶은 일'에 빠져들 자신이 있는가? 이 정도의 각오는 되어 있어야 장애물이 10개가 생겼을 때 3은 인정하고, 7은 물리칠 수 있다.

3. 프로젝트를 진행하면서 지속적으로 성취하는 기쁨을 느낄 수 있는가?

만약 앞 2가지 기준에 부합되는 프로젝트를 선정했어도, 프로젝트가 진행이 될수록 마음대로 되지 않는 날도 있고, 쉬고 싶은 마음을 겨우 이겨내고 시작했는데 소득 없이 끝나버리는 날도 있을 것이다.

중후반부로 갈수록 위기가 더 자주 찾아오면서 초심은 바래져서 잘 보이지 않게 되곤 한다. 이때 중요한 것이 목표를 쪼개거나 낮추어 진행 과정에서도 성취감을 느낄 수 있게 하는 시스템을 만드는 것이다.

앞서 이야기한 것처럼, 유학 준비를 할 때 영어 시험을 세 번이나 봤지만 원하는 점수를 받지 못했다. 포기하고 싶은 마음이 점점 커질 때쯤 학원과 스터디 모임에서 목표가 같은 사람들을 만났다. 성취의 기준을 '합격'이라는 큰 목표에서, 과제와 모의고사에서 '일정 점수' 이상을 받겠다는 작은 목표로 바꾼 뒤 잃었던 의욕을 되찾을 수 있었다.

의욕은 지속되기 어렵다. 그래서 '초심을 잃지 마라'는 말이 있는 것이다. 만약 인간에게 초심을 유지하는 일이 쉽다면, 이 말은 존재하지 않았을 것이다.

사람마다 동기부여가 되는 방법, 성취감을 느끼는 기준은 다르다. 자신이 어떤 성취를 느낄 때 동기부여가 되는지 궁금하다면, 미국의 심리학자 데이비드 클래런스 맥클랜드(David Clarence McClelland)의 사람을 동기화시키는 이론에 주목해보자. 그는 사람마다 지배적으로 중요시 여기는 항목이 다르다고 설명한다. 다음 3가지 중 어떤 항목이 자신에게 해당하는지 알아보자.[2]

성취 지향적

· 어려운 목표에 도전하고, 성취하면서 강한 동기를 느낀다.

· 목표를 달성하기 위해 철저하게 리스크를 계산해서 행동한
  다.

· 성취와 성과라는 정기적인 피드백을 받기 원한다.

· 가끔 혼자 일하는 것을 선호한다.

소속 지향적

· 그룹에 소속되어 일하기를 원한다.

· 조직에서 원하는 일을 함께하고, 그룹 안에서 좋은 멤버가
  되고 싶어 한다.

· 경쟁보다는 협력을 원한다.

· 리스크나 불명확한 상황을 좋아하지 않는다.

권력 지향적

· 다른 사람에게 영향력을 행사하고 지도하기를 원한다.

· 논쟁이 붙었을 때 이기는 것을 중요하게 생각한다.

· 경쟁을 즐긴다.

· 지위와 평가를 중요하게 생각한다.

성취 지향적인 사람이라면, 시스템을 점검해보자. 자신의 성과 혹은 성취를 점검하는 툴을 만드는 방법이다. 일정한 기준을 정해 성과를 점검하고, 그 결과를 수치로 나타내보면 도움이 될 것이다.

소속 지향적인 사람은 같은 사이드 프로젝트를 진행하는 모임이나 관심사가 비슷한 사람이 모여 있는 스터디 그룹에 참여해보자. 또는 정기적으로 프로젝트 진행 상황을 공유할 수 있는 시스템을 활용해보는 것도 추천한다.

권력 지향적인 성향을 가지고 있다면, 여러 사람들을 모아 사이드 프로젝트를 주도해보자. 모임을 이끌고 도움을 주고받으면서 다시 동기부여가 될 수 있다.

본업의 강도, 업무량, 컨디션에 따라 달라지지만 하루 사용할 수 있는 에너지는 거의 정해져 있다. 또 우리는 본능적으로 편안함을 추구한다. 그래서 일정과 시간을 정확하게 지키면서 사이드 프로젝트를 진행하는 사람은 상당히 드물다.

우리의 특성을 이해하고 인정할 건 인정해야 한다. 인간은 로봇과는 다르게 상황에 따른 판단을 내리고, 기분에 좌우되기도 한다. 이런 변동적인 특성을 자책하기 보다는 이해하고 적절하게 대응해 나가는 것이 필요하다.

중요한 것은 포기하지 않고 꾸준히 하는 것이고, 하루하루 쌓여 끝까지 해낸 프로젝트는 결국 미래에 영향을 준다는 사실이다. 오늘은 안 하고 싶다면 쉬어라. 하지만 반드시 내일이 오면 힘들어도 해야 한다. 그렇지 않으면 포기할 확률이 늘어난다. 오늘 쉬면 내일도 쉬고 싶고, 내일 쉬면 그 다음 날도 쉬고 싶다.

만약 사이드 프로젝트를 진행하다가 포기하게 된다면? 포기했다고 가치 없는 경험이 아니다. '이것은 나랑 잘 안 맞아'라는 걸 깨달은 것만으로도 큰 소득이다. 단지, 게을러서 포기하지 않은 게 중요하다. 열심히 해본 사람에게만 포기할 자격이 주어진다.

정리하면, 사이드 프로젝트는 '가슴이 시키는 일을 할 것'과 '꾸준히 지속할 수 있는 방법을 만들 것' 이 2가지가 핵심이다. 둘 중 하나라도 빠지면 성공하기 힘들다.

다른 사람이 하는 모습을 보고 멋있어 보여 따라 시작했거나, 다른 사람들에게 선망의 대상이 되고 싶은 마음에 시작한 경우도 실패했다. 관심이 가서 시작했지만 마음을 다해 하고 싶은 일은 아니었고, 처음에 재미있는 구간을 넘어 프로젝트가 중반이 넘어갈 때는 친구를 만나거나 다른 일을 하는 것이 더 재미있었다.

내가 지금까지 시도한 많은 프로젝트들 중 포기한 프로젝트들을 생각해보면 저마다 이유는 달랐지만, 결국 본질은 같다. 내

가슴을 설레게 하는 일, 프로젝트를 계속 할 수 있게 하는 지속력

이 2가지를 기억하자.

자신으로 사는 시간을
확보하는 법

02

누구나 자신이 좋아하는 일을 하면서 살고 싶어 한다. 그러나 현실적인 문제로 모든 사람이 자신이 좋아하는 일만 하며 살지 못한다. 그렇다고 자신이 원하는 일만 하면서 살지 못하는 현실을 한탄할 필요는 없다.

잘하는 일과 하고 싶은 일을 균형 있게 조절하여 '잘하는 일'로 성과를 내고 돈을 벌며, 그 외의 시간에 '하고 싶은 일'을 즐기면 된다. 결국 문제는 하고 싶은 일을 하지 못하는 것이 아니라, 이 둘 사이의 균형이 맞지 않을 때 발생하는 것이다. 적절하게 균형을 맞출 수 있다면, 문제는 해결될 것이다.

해야 하는 일과 하고 싶은 일의 균형은 어떻게 맞출 수 있을까? 하고 싶은 일도 처음에는 설레임으로 가득하지만, 돈에 구애를 받게 되면 점점 그 마음이 무뎌지게 된다. 처음 가죽으로 내 가방을 만들 때는 재미있어서 밤늦게까지 바느질을 했지만, 고객에게 주문이 들어와 만들 때는 재미가 매우 반감되었다. 돈 이외에는 이 가방을 만드는 이유를 찾을 수 없었고, 어차피 내 손을 곧 떠나갈 제품이라는 생각이 드니 애정이 가지 않았다. 이처럼 재미 이외에 다른 이유가 생길 때 흥미가 떨어지게 된다.

해야 하는 일로 삶에 여유를 만들면, 하고 싶은 일을 할 때는 '이거 잘못되면 나는 큰일 난다'라는 생각을 떨쳐버리고 자유로워질 수 있다. 하고 싶은 일의 목적이 온전히 재미일 때 즐기고 유지할 수 있다.

만약 당신에게 자유롭게 사용할 수 있는 시간이 주어진다면 무엇을 하고 싶은가. 취미를 즐기고 싶은가, 운동을 하고 싶은가? 직장에서 일을 더 잘하기 위해서 자기계발을 하고 싶은가, 투잡으로 수입을 더 높이고 싶은가, 자녀와 함께하는 시간을 더 확보하고 싶은가? 무엇을 선택하든 그 이유를 한번 생각해보자.

우리는 처음 보는 사람들 앞에서 자신을 소개할 때 직업을 밝

힌다.

"안녕하세요, 제 이름은 ○○○이고, 직업은 카피라이터입니다."

"안녕하세요, 저는 현재 공무원을 준비하고 있는 학생 ○○○라고 합니다."

직업은 삶에 많은 영향을 수기 때눈에, 직업으로 그 사람의 성향과 특성을 짐작할 수 있다. 이러한 영향력은 '직업병'이나 그 사람만의 아우라를 만들기도 한다.

나 역시 디자이너이기 때문에 휴대폰을 쓸 때 어떤 앱을 사용하든 이 앱은 왜 이렇게 디자인했을까, 이 앱을 개발한 회사는 어떻게 조직되어 있고, 어떤 방식으로 협업을 할까 등을 생각하게 된다. 주 5일, 하루 8시간 동안 이 일을 하면서 살고 있기 때문에 노력하지 않아도 저절로 눈에 들어온다.

회사원의 경우 하루 8시간 이상을 회사에서 보낸다. 개인은 일정 시간을 회사에 팔고, 회사는 개인의 주 40시간을 구매하는 셈이다. 본업을 하면서 하루의 많은 시간을 보내지만, 이 시간을 제외한 나머지 시간은 자기계발, 취미, 가족 및 사회 활동, 여가, 건강관리 등 다양한 영역에서 활동하고 성장하는 데 활용할 수 있다. 그래서 나는 직업이 한 사람의 정체성을 반만 설명할 수 있다고 생각한다.

'하루 8시간을 회사에 헌신했다면, 나머지 시간은 나의 정체성을 만들고 발전시키는 데 사용하자'라는 주장에 동의하지 않을 수 있다.

"현실과 이상은 차이가 있어요. 야근을 해야 하는 경우도 있고, 회식도 있는데 업무의 연장선이라 빠질 수도 없어요."

나는 이렇게 답하고 싶다. 8시간을 관리하는 것도 능력이라고. 야근을 왜 하게 되었는지, 과도한 업무를 맡겠다고 한 건 아닌지, 필요하지 않은 회의에 들어가서 시간 낭비를 한 것은 아닌지, 늘 예상보다 업무 처리 시간이 더 오래 걸려서 초과 근무를 하는 건 아닌지 생각해봐야 한다.

지나치게 과도한 업무를 맡게 되었다면 거절할 수 있어야 하고, 필요하지 않은 회의라고 판단되면 자신이 이 회의에 필요한 사람인지 물을 수 있어야 한다. 일을 처리하는 시간이 예상보다 지체되는 일이 잦다면, 일하는 방식 또는 효율성을 고민해보자. 업무 프로세스를 검토하여 불필요한 단계나 중복 작업을 제거하고, 상사와의 면담을 통해 업무를 줄이는 방법도 고려해볼 수 있다.

자기 자신을 통제하기 위해서는 시간을 통제할 수 있어야 한다. 모든 사람은 시간이 없다. 다들 바쁘고 피곤한 삶을 살고 있다. 하지만 나만의 기준을 적용하기 시작할 때, 놀랍게도 자유를 경험하고 원하는 삶에 조금씩 가까워질 수 있다.

◯ 일은 열심히 하는 게 아니라
똑똑하게 해야 한다 ◯

회사에 뼈를 묻겠다는 각오로 충성하고, 무조건 오랜 시간 일하는 시대는 지났다. 제일 무서운 사람이 '일은 잘 못하는데 열정이 가득한 사람'이다. 열정이 넘치다 보니 누구보다도 일을 많이 벌여 놓는다. 그 일을 대신 수습해야 하는 사람의 업무량만 늘려 주고 있다는 사실을 자신만 모르고 있다.

근무 시간으로만 업무 능력을 판단하는 시대는 이미 지나갔다. 같은 업무를 짧은 시간에 능숙하게 처리한 사람과 오랜 시간을 들여서 처리한 사람이 있다면, 더 빠른 시간 내에 일을 마친 직원이 높은 평가를 받을 수 있어야 한다.

조직 문화가 그렇지 않은 경우도 있겠지만, 적어도 내 생각은 그렇다. 고용주 입장에서도 시간이 곧 비용을 의미하기 때문에 중요한 업무를 빠른 시간 안에 깔끔하게 처리하는 인재를 우선시

할 수밖에 없다. 자리에 앉아 있는 시간은 길지만, 업무 처리 속도가 현저하게 느리다면 관리 대상으로 봐야 한다.

구글에서 일하면서 '일 참 똑똑하게 한다'는 평가를 받는 사람들을 본다. 단순히 뛰어난 능력을 가졌다는 것보다 '일을 똑똑하게 처리한다'는 것을 의미한다.

그들은 다른 사람들이 8시간을 들여 처리하는 일을 더 짧은 시간 안에 처리한다. 집중해야 할 것과 집중하지 않아도 될 것을 구분하고 핵심에 집중하기 때문이다. 또한 상대방의 요구와 니즈를 정확하게 파악하여 불필요한 작업을 줄인다. 이런 능력은 빠른 승진으로 이어진다.

회사에서 일하는 8시간을 좀 더 적극적으로 관리해야 한다. 자신으로 사는 시간을 확보하고 관리하는 것이, 본업에 충실한 것 이상으로 당신의 가능성을 높여줄 수 있다는 것을 기억하자.

나에게 맞는
사이드 프로젝트는
어떻게 찾을까?

03

사람들은 나에게 가끔 질문한다.

"하고 싶은 것을 어떻게 찾을 수 있나요?"

사이드 프로젝트는 근본적으로 자기가 좋아해야 할 수 있다. 억지로 사이드 프로젝트를 시작하면 한 달도 지속하기가 어렵다. 그러면 이런 점이 궁금할 수 있다.

"좋아하는 것을 어떻게 찾을 수 있나요?"

다음 질문에 답해 보면 힌트를 얻을 수 있을 것이다.

· 평소 관심 있게 보는 콘텐츠의 주제는 무엇인가?

· 사람들과 어떤 주제에 대해 대화를 할 때 눈이 반짝여지는가?

· 당신이 좋아하는 일로 큰 성과를 낸 사람이 주변에 있는가?

이때 자신의 과거를 살펴보는 것이 도움이 될 수 있다. 최근 검색한 키워드, 가입된 커뮤니티, 유튜브 추천 영상 등을 보면 자신의 관심사를 파악할 수 있다. 이 정보들은 우리가 무엇에 관심을 가지고, 어떤 주제에 더 많은 시간을 할애하는지 보여준다.

예를 들어, 요리를 좋아한다면 레스토랑에서 음식을 먹을 때 '이 요리는 어떻게 만들었을까?'라고 곰곰이 생각해봤을 것이고, 음악을 좋아한다면 거리에서 나오는 음악을 유심히 들을 것이다.

적극적인 자세가 아닌 가벼운 생각만으로는 자신이 무엇을 좋아하는지 알 수 없고, 어렴풋이 안다고 해도 확신할 수 없다. '나는 무엇을 좋아하는 사람이지?'라고 깊이 생각해보는 것은 스테이크를 먹어보지 않고 그 맛을 상상하는 것과 같다. 다른 사람에게 "스테이크는 무슨 맛인가요?"라고 질문해 "풍부한 육즙과 진한 육향이 느껴져요"라는 대답을 듣는다고 해도 먹어보지 않으면 육즙과 육향이 무슨 의미인지 알 수 없다. 하지만 스테이크를 한입 베어 무는 순간 '아, 육즙과 육향이 이런 의미였구나!'라며 무릎을

탁 치게 될 것이다. 스테이크의 맛을 알기 위해 머릿속으로 상상해보는 일은 무의미하다. 직접 먹어보는 수밖에는 없다.

마찬가지로 자신이 무엇을 좋아하는지 알고 싶다면 행동으로 옮기는 것이 중요하다. 동경해온 것을 직접 경험해보는 것이 자신의 성향과 취향을 깨닫는 가장 확실한 방법이다. 부딪쳐보지 않고, 생각만으로 자신의 성향이나 좋아하는 것을 알려는 마음은 노력하지 않고 무언가를 얻으려는 마음과 같다. 자신을 발견하는 여정을 즐겨보자.

한때 나는 오토바이 라이더들을 동경하며 아름다운 자연 속에서 멋지게 질주하는 내 모습을 상상하곤 했다. 고민 끝에 오토바이 면허증을 따고, 본격적인 라이딩을 시작했다. 그런데 오토바이를 1시간 이상 타면 고강도 운동을 오랫동안 한 것처럼 피곤했고, 긴장감으로 어깨가 딱딱해졌다.

처음에는 오토바이 탓을 하면서 4년 동안 오토바이를 다섯 번이나 바꿨지만 마찬가지였다. 그 결과, 오토바이 라이딩이 내 성향과 맞지 않고, 실제로 큰 즐거움을 주지 않는다는 것을 깨달았다. 오토바이를 타려면 스릴을 즐기고 공포심도 컨트롤할 수 있어야 하는데, 나는 그것을 즐길 만큼 강심장이 아니었다. 커브길이 나오면 스릴을 느끼기 보다는 안전하게 운전하는 것이 나에게 더 중요했다. 이걸 알게 된 이후부터는 오토바이를 더 이상 타지 않게 되었다.

만약 내가 직접 해보지 않았더라면, 아직도 오토바이에 대한 열망을 가지고 있었을 것이다. 시도해보았기 때문에 나랑 맞지 않는다는 것을 알게 되었고, 그것 하나만으로도 큰 소득이라고 생각한다. 사람은 한 것을 후회하기 보다는 하지 못한 것을 후회할 가능성이 높다.

만약 당신이 해보고 싶은 것이 있다면, 주저하지 말고 도전해보자. 시도해보면 자신의 성향에 잘 맞는지 맞지 않는지를 알 수 있고, 자신의 성향을 더 잘 알 수 있게 된다.

만약 자신의 과거에서 사이드 프로젝트의 주제를 찾지 못했다면, 다음 리스트와 실천 방법을 참고해보자.

1. 지금 하고 있는 일을 더 잘해서 몸값 높이기

현재 하고 있는 본업을 좋아하는가? 그리고 그 일을 더 잘하고 싶은가? 그 일을 더욱 잘하고 싶은 이유가 있는가?

실리콘 밸리에서는 보통 2~3년에 한 번 이직을 한다. 현재 회사에서 성과를 냈다면 이직을 통해서 대폭 상승된 연봉을 받을 수 있기 때문이다. 그래서 사람들은 스킬을 향상시키고, 열심히 포트폴리오를 만들어 면접을 보러 다닌다.

이직을 계획하고 있지 않더라도, 사이드 프로젝트를 할 수 있는 시간까지 본업에 투자한다면 남들보다 빠르게 진급할 수 있을 것이다. 만약 이 카테고리의 사이드 프로젝트를 생각했다면 다음 방법을 참고하자.

첫째, 하루 1시간씩 업무 성과를 높여줄 스킬을 배워보자.

각자 직무에 따른 새로운 기술은 언제나 존재한다. 새로운 프로그래밍 언어, 디자인 툴과 같은 하드 스킬을 단련하는 방법이 있고, 프레젠테이션, 협상 기술과 같은 소프트 스킬을 업그레이드하는 방법이 있다. 다음 단계로 몸값을 올리기 위해 어떤 기술이 가장 효과적일지 생각하고 실천하자.

하루에 1시간을 더 투자하면 한 달에 30시간, 1년이면 360시간이다. 1년, 아니 6개월만 투자해도 그 분야에서 누구보다 뛰어난 역량을 가진 사람이 될 수 있다.

둘째, 생산성을 더 높일 수 있는 방법을 찾아보자.

업무를 효율적으로 수행하기 위해서는 체계가 중요하다. 최대한 낭비되는 시간을 최소화하고, 활용할 수 있는 시간을 목표에 맞게 사용할 수 있는 시스템을 만들어보자. OKR 시스템('04. 원하는 목표를 이루는 사람들의 목표 설정법' 참고)을 적용해 보거나, 개인의 상황과 목표에 맞게 생산성을 관리하는 방법을 연구해보자. 생산성을 높이려는 이유는 주어진 시간 내에 중요한 일을 많이 하기 위해서다. 이 시스템을 만드는 것 역시 훈련이다.

셋째, 당신이 세운 목표를 이미 이룬 사람을 만나자.

세상에 새로운 길은 없다. 어떤 일을 하고자 하면 그 분야에서 성과를 이미 인정받은 사람이 있기 마련이다. 그 사람들과 만나는 것을 사이드 프로젝트의 목표로 잡아보자. 많은 시간과 노력이 필요하겠지만, 그 이상으로 배우고 성장할 수 있다.

회사에 존경할 만한 사람이 있다면 30분 정도 티타임을 가지면서 많은 조언을 들을 수 있다. 고액의 연봉을 받고 이직에 성공한 선배 혹은 친구의 경험을 통해 배울 수도 있다. '나도 할 수 있다'는 자신감을 갖게 되고, 시행착오를 바탕으로 만들어진 길이기 때문에 실패를 최소화할 수 있다.

커리어를 확장시켜가는 방법은 다양하고, 개인마다 다르다. 자신의 현재 위치와 목표를 객관적으로 평가하고, 다른 사람의 노하우를 어떻게 활용할지 고민해보자.

꼭 회사에서의 커리어가 아니어도 괜찮다. 아니, 반드시 회사를 떠나 한 개인으로서 커리어를 바라보자. 그리고 자신만이 할 수 있는 가장 영향력 있는 프로젝트들을 추진해보길 바란다.

2. 부수입 만들기

부모님 세대가 생각하는 성공 중 하나는 좋은 회사에 취업해 오래 일하는 것이었다. 그러나 이와 같은 시대는 지났고, 현재는 개인이 경제적인 자유를 이루기 위해 노력할 수 있는 부분이 매우 많아졌다. 나이가 들어갈수록 '자본 소득과 사업 소득'이 '노동 소득'을 넘어서야 한다. 나이가 들수록 몸이 약해지므로 내 시간의 가치는 떨어질 것이다. 따라서 가장 좋은 노후 대비는 내가 시간을 들이지 않아도 돈을 벌 수 있는 구조를 갖춰 놓는 것이다.

자신이 관심 있는 분야에서 사이드 프로젝트를 시작하고 수익을 창출해내는 것은 매우 만족스러운 경험이 될 것이다. 예를 들어 유튜브 채널 개설, 전자책 집필, 작은 규모의 사업을 통해 수익을 만드는 것이다.

앞서 소개한 에어비앤비 운영은 나의 여행 패턴이 변하게 된 점에 착안한 것이었다. 과거에는 관광지를 바쁘게 돌아다녔다면 요즘은 도시에서 떨어진 쾌적한 숙소에서 편하게 쉬다 오는 것을 선호하게 되었는데, 분명 나와 취향이 비슷한 여행객들이 있을 거라는 확신에서였다.

이 사이드 프로젝트는 상당히 성공적이었지만, 실패한 사이드 프로젝트들도 많았다. 생각보다 부수입 만들기 사이드 프로젝트는 난이도가 있어서 한번에 만족할 만한 결과를 내기는 어렵다. 우버가 미국에 처음 나왔을 때 내 차량으로 택시 운영을 한 경험도 있다. 하지만 택시 운영을 오래 한다고 노하우가 쌓이는 것도 아니고, 택시 요금으로 많은 수익을 낼 수 있는 것도 아니어서 바로 포기하였다.

사업 또는 시스템을 구축하는 데에는 시간과 노력, 그리고 기다림이 필요하다. 유튜브 채널을 시작한다면, 최소 1년은 수익을 올리지 못할 수도 있다는 각오를 해야 한다. 펜션을 시작한다면 초반에는 수입을 포기하고 밑 빠진 독에 물을 붓는다는 생각으로 투자해야 한다.

남들이 얻은 결과를 보면 쉬워 보이지만, 그 과정은 절대 순탄치 않고 많은 스트레스가 따른다. 그러나 부딪쳐보면 방법은 반드시 있기 마련이고 크든 작든 성과를 낼 수 있을 것이다. 주식, 부동산, 경매, 자격증 공부를 하여 투자를 하는 것도 좋은 대안이 될 수 있다.

3. 취미를 만들고 삶을 확장시키기

사진을 잘 찍는 것, 춤을 추는 것, 마라톤에 도전하는 것, 노래를 잘 부르는 것 등 미디어 등을 통해 흥미가 생겼거나, 가까운 사람들을 보고 관심이 가는 분야가 있을 것이다. 이 호기심을 키우고 배워보는 것이다.

이 분야의 사이드 프로젝트는 크게 나에게 경제적인 이득을 가져오지는 않더라도, 삶을 더 풍요롭게 만들어줄 수 있다. 나에게 취미는 내 본업을 잊어버릴 수 있는 시간이다. 이 시간이 있어 본업에 더욱 집중할 수 있게 된다. 24시간 항상 함께하는 것보다 일주일에 한 번 만나면 애인이 더욱 애틋하게 느껴지는 것과 비슷하다. 사이드 프로젝트의 주제를 취미 만들기로 정했다면 다음 내용을 참고해보자.

첫째, 온라인 혹은 오프라인으로 배울 수 있는 곳을 찾자.

유튜브에는 많은 강의가 있고, 오프라인에서 배울 수 있는 강의도 다양하다. 특히 한국은 거의 모든 분야의 학습 자료와 강의를 찾을 수 있고, 세계 그 어느 곳보다 학원 제도가 잘 발달되어 있어 성인의 교육열도 높다.

꾸준히 실천하기 어렵다면 유료 강의를 듣는 것도 방법이다.

돈을 투자하면 학습에 더 진지한 자세로 임하게 된다.

둘째, 다른 사람들과 함께 취미 활동을 즐겨라.

혼자서 하는 것은 재미와 동기부여 측면에서 한계가 있다. 다른 사람들과 함께하면 그중에서도 더 잘하고 싶어서 더 많은 시간과 노력을 쏟게 될 것이다.

예를 들어, 요리가 취미라면 가족이나 친구들을 집으로 초대해 함께 식사를 즐겨보자. 악기 연주가 취미라면 밴드에 가입하여 다른 사람들과 합주를 해보자.

혼자서 취미를 즐기다 보면 아무리 연습해도 늘지 않는 정체기가 오고, 수준이 올라가면 올라갈수록 머리가 아파진다. 정체기가 오면 혼자 하던 사람들은 유지하기가 어려워 포기하기도 한다. 하지만 다른 사람들과 함께 취미 활동을 함께하면 고민을 주고받으며 문제를 해결하고, 지속적인 동기부여를 받을 수 있다.

셋째, 취미로 수입을 만들 수 있는지 물색해본다.

취미가 어느 수준 이상에 오르면 수입을 창출할 수 있다. 혼자 또는 다른 사람들과 함께 취미를 즐기는 것만으로도 의미가 있지만, 수익까지 낼 수 있다면 더 큰 만족을 느낄 수 있을 것이다. 사람들은 가치가 있는 것에 대해 돈을 지불하기 때문에, 자신의 취미가 다른 이들에게 도움이 되고 가치 있다고 인정받는다면 뿌듯함이 더욱 커질 것이다.

넷째, 목표를 구체적으로 정하고 기한을 설정한다.

목표는 '6개월 이내에 나만의 테이블을 만들겠다', '3개월 안에 내 사진 포트폴리오를 만들겠다', '1년 안에 밴드를 만들어 무료 공연을 열겠다'와 같이 구체적이고, 기한이 정해져 있으면서 실행 가능해야 한다.

특히 목표의 마지막 지점이 다른 사람과 결부되어 있는 것이 좋다. 존경하는 스승님께 직접 나무 테이블을 만들어 드리겠다고 말하거나, 노래 연습을 해서 친구에게 축가를 불러주기로 약속하면 더 적극적으로 노력하게 된다.

취미는 '금전적인 이득이 아닌 기쁨을 얻기 위해 하는 일로, 전문적으로 하는 것이 아니라 즐기기 위해 하는 정기적인 활동'이다. 취미가 수익으로 이어지지 않는다고 하더라도, 본업에서 받은 스트레스를 줄이고 지친 몸과 마음을 회복하는 데 도움을 준다. 무엇보다도 그 시간이 즐겁다는 것이 큰 장점이다.

취미를 처음에 시작하면 초보일 때는 매일 늘어가는 실력에 뿌듯하지만, 중수가 되어 연습해도 실력이 늘지 않는 것처럼 느껴지면 '내가 이거 해서 뭐하지'라는 생각이 들 수도 있다. 하지만 고수가 되기 위해서 어려움을 감수하는 것은 당연하다고 생각하면서 다시 마음을 다잡아야 한다.

초보자 시절에 중단하면 시간이 지난 후에 '내게 이런 취미가 있었나?'라고 할 정도로 기억에서 멀어지지만, 고수 반열에 오르면 몸이 기억하고 있기 때문에 필요할 때 다시 그 취미를 즐기며 살아갈 수 있다. 어쩌면 삶에서 한 취미를 평생 가지고 가는 것만큼 재미있는 일도 없을 것이다.

4. 몸과 마음을 가꿔 더 건강한 삶 만들기

흔히들 '건강을 잃으면 모든 것을 잃는 것과 같다'고 한다. 여기에서는 건강을 극단적으로 강조하기 보다는 '모든 것의 기본이 된다'는 관점으로 접근해보고자 한다.

운동을 규칙적으로 하는 습관이 생기면, 건강한 식습관에 대한 관심도 자연스럽게 생긴다. 식습관이 건강해지면 에너지가 넘치는 일상을 보낼 수 있다. 에너지가 충만한 하루를 보내면, 삶에 대한 의욕이 높아지면서 배움의 의지도 높아진다. 이런 태도는 커리어적인 성공을 이끌고, 성취는 삶을 더욱 풍요롭게 만들어 안정과 자유를 가져온다.

이렇게 건강한 삶은 마치 도미노 효과처럼 다음 변화를 가져오고, 그 변화는 다른 변화를 또다시 끌어당긴다. 건강한 삶이 결국 경제적 자유를 가까워지게 한다고 말하면 논리적으로 비약이 있는 것처럼 느껴지지만, 단계별 과정을 보면 고개가 끄덕여진다.

큰 변화는 작은 걸음에서부터 시작되고, 그 시작은 자신의 건강을 관리하는 것이다. 꾸준히 관리해야 비로소 삶에 변화가 생기는 만큼 쉬운 일은 아니지만, 다음 팁이 도움이 될 것이다.

첫째, 건강한 삶에 대해 정의를 내려라.

건강의 정의는 개인마다 다르다. 어떤 사람은 체지방이 몇 % 이하인 몸을 유지하는 거라 생각할 것이고, 어떤 사람은 아침저녁으로 짧게나마 명상을 하며 스트레스가 관리되는 상태라고 여길 수도 있다.

자신이 정의하는 건강한 삶이란 무엇인가. 이 질문은 단지 외적으로 보이는 몸의 문제로 답할 수 없다. 하루에 사용 가능한 에너지를 높이고, 삶을 보다 나은 방향으로 이끌어갈 수 있는 첫 단추다.

둘째, 기록하라.

건강관리 분야는 시간이 걸리고, 성과가 느껴지기도 힘들다. 운동을 꾸준히 해도 몸의 변화가 눈으로 보이기까지 약 6~8주가 걸린다고 한다. 때로는 이 노력과 시간이 가치가 있는지 의문이 들 때도 있을 것이다. 그래서 기록은 자신의 성과를 측정해 나가는 데 도움이 된다. 일지를 작성하고 성과를 추적하면 자신의 노력이 어떤 변화로 이어지고 있는지 파악할 수 있다.

셋째, 건강에서 시작되는 변화에 주목하라.

현재 정신적으로 피폐하다면 몸을 돌보고, 몸이 피폐하다면 정신을 가꾸는 것이 도움이 된다. 그만큼 몸과 정신은 긴밀하게 연결되어 있어 긍정적이든 부정적이든 신호를 끊임없이 주고받는다.

그래서 건강을 위해 시작한 작은 습관은 도미노처럼 삶의 여러 측면에 긍정적인 영향을 주어 업무 성과 향상뿐만 아니라 가족이나 배우자와의 관계 개선에도 도움을 준다. 긍정적으로 변화된 일상을 관찰해보고 유지하도록 꾸준히 노력해보자.

어떤 분야의 사이드 프로젝트를 시작하고 싶은가? 사이드 프로젝트의 주제는 바꿀 수 있으니 심각하게 고민할 필요는 없다. 사이드 프로젝트의 큰 장점 중 하나는 다른 주제로 바꿀 수 있다는 점이다.

본업이 삶의 기반을 잘 잡아주고 있는 한 다양한 시도를 자유롭게 할 수 있다. 막상 해보았는데 본인과 잘 맞지 않아도 좌절할 필요 없고, 실패해도 괜찮다. 세상에는 사이드 프로젝트로 시도해볼 만한 주제가 무궁무진하다.

단지 중요한 것은 생각만 하지 말고 시도해야 한다는 것이다. 실행 없이는 아무것도 존재하지 않고, 생각만으로 이루어지는 것은 아무것도 없다.

너무 깊게 생각하지 말고 시작했으면 한다. 분석보다는 감각을 믿기 바란다. 사이드 프로젝트는 재미를 느껴야 하기 때문이다. 시도 자체만으로도 배울 점이 많을 것이다. 각자 가장 의미 있고 재미있는 사이드 프로젝트를 선택할 수 있기를 바란다.

원하는 목표를
이루는 사람들의
목표 설정법

04

사람들은 평소 목표를 세울 때 실수를 한다. '돈 많이 벌기', '좋은 사람 되기'와 같은 추상적인 목표를 세운다. 그런데 생각해 보자. 이 목표들은 구체적이지도 않고, 무엇부터 해야 할지 감조 차 오지 않는다. 이런 생각은 목표라고 하기 보다는 꿈이라고 하 는 게 맞다. 실행이 불가능하기 때문이다.

'돈을 많이 벌고 싶다'면 구체적으로 어느 정도를 더 벌고 싶 은지, 현실적으로 언제까지 달성할 수 있는지를 고민해야 하고, '좋은 사람이 되고 싶다'면 누구에게 좋은 사람이 되고 싶은지, 좋은 사람이라고 판단할 수 있는 기준은 무엇인지 등을 고민해봐야한다. 즉 추상적인 것은 구체적으로 만들고, 구체적인 것은 다시실행 가능하도록 만들어야 한다.

꿈이 아닌 목표가 되려면, 현재 모습과 목표의 간극이 얼마나되는지 명확하게 파악할 수 있어야 한다. 모든 목표는 현재 상태의 불만족에서 출발한다.

· 현재 상황과 목표를 달성한 이상적인 모습의 간극은 얼마나
  되는가?
· 그것을 구체적으로 정량화할 수 있는가?
· 이 수치를 달성하기 위한 세부적이고 구체적인 실행 방법이
  있는가?

구글은 직원을 독려하고 관리하는 체계적인 시스템을 가지고있다. 내가 하는 업무가 회사의 비전과 얼마나 연관이 있고 어떻게 기여하는지 명확하게 이해할 수 있다. 그래서 맡은 업무가 작아 보일지라도, 이것이 회사의 중요한 일에 기여하고 있다는 것을 쉽게 파악할 수 있어 동기부여를 받는 것이 어렵지 않다.

구글에는 다양한 시스템이 있는데, 그중 OKR은 목표(Objective)와 핵심 결과(Key result)의 약자를 딴 시스템으로, 현재 구글에서 각 분기가 시작할 때마다 사용되고 있다.

각 팀의 리더들은 새로운 분기가 시작되기 전에 OKR을 작성해 상부에 승인을 받고, 이 OKR은 각 팀의 직원들에게 전달된다. 이 시스템은 모든 구성원이 공감하고 협력하여 공통의 목표를 달성하도록 도와주고, 분기가 끝날 때 어떤 결과가 나올지 예상할 수 있게 한다.

매 분기 전, 구글의 리더들은 OKR을 수립하기 위해 회사의 강점, 유기적인 시장 상황, 프로젝트 일정과 효율성 등 다양한 요소를 다각도로 고려하고, 결정되기까지 여러 번의 논의와 검토를 한다.

리더들이 설정하는 OKR뿐만 아니라, 전반적인 기업 목표와 하위로 이어지는 제품(유튜브, 구글 서치 등)의 OKR, 그리고 이러한 제품을 개발하는 팀의 OKR, 심지어는 개별팀 구성원의 OKR까지 모든 구글의 OKR은 긴밀하게 연결되어 있다. 목표 설정에 많은 시간과 노력을 투입하는 이유는, 회사를 한 방향으로 나아가게 하고 모든 구성원이 협력하여 목표를 달성하는 데 기여하기 위해서다.

'과연 이 목표가 지금 현재 가장 중요한 목표인가'라는 질문에 답하기 위해 많은 사람들이 다양한 관점에서 검토하고 실현 가능성을 검증한다. 또한 이 목표가 집중할 만한 가치가 있는지를 확인하기 위해 시장 상황과 현재 제품의 위치를 분석한다. 이처럼 회사 전체가 가치 있는 목표를 세우고, 이를 실현하기 위해 노력을 기울인다. 그만큼 좋은 목표를 올바르게 수립하는 것은 매우 중요하다.

○ 구글의 성공방식 OKR ○

구글에서 사용되는 목표 설정 시스템인 OKR은 조직뿐만 아니라 개인에게도 매우 유용한 도구가 될 수 있다. 이 시스템은 구글의 창업자인 래리 페이지(Larry Page)와 세르게이 브린(Sergey Brin)이 창업 초기에 목표 설정의 효과적인 방법을 고민하다가, 당시 구글에 투자한 존 도어(John Doerr)의 권유로 도입되었다. 이때 시작된 이 시스템은 모든 구글러들에게 지금까지 잘 활용되고 있다.

OKR은 회사 시스템에 공표되어 누구나 원하면 찾아볼 수 있다. 분기마다 조직이 달성해야 하는 목표와 핵심 결과가 투명하게 공개되기 때문에 점검하는 것도 어렵지 않다.

현재 구글의 CEO 순다르 피차이(Sundar Pichai)가 OKR을 사용한 사례는 유명하다. 2008년, 그는 크롬 브라우저 팀에 소속되어 있었다. 당시 순다 피차이의 OKR의 목표(O)는 '세계 최고의 브라우저를 만드는 것'이었다.

그러면 핵심 결과(KR)는 무엇이었을까? 사용시간이나 링크 클릭 횟수 등 여러 지표가 될 수 있었지만, 그는 단순하게 '사용자 수'로 설정한다. 크롬이 세계 최고의 브라우저라면 가장 많은 사람들이 사용해야 한다고 판단했기 때문이다. 즉, '세계 최고의 브라우저 = 가장 많은 사람들이 사용하는 브라우저'라고 정의 내린 것이다.

첫 해인 2008년, 그의 팀이 목표로 한 사용자 수는 2000만 명이었지만, 실제로는 그 절반에 해당하는 1000만 명밖에 확보하지 못한다. 다음 해에 목표를 5000만 명으로 높였으나, 실제 성과는 3700만 명에 그친다. 하지만 마지막 해에 그는 목표를 1억 명으로 설정하고, 초과 달성해 1억 1000만 명의 사용자를 확보하게 되었다.

어떤 생각이 드는가? 2년 간 성과가 목표에 미치지 못했다면 다음 목표는 더 낮출 수 있지 않았을까? 그는 세계 최고의 브라우저를 만들겠다는 일념으로 굽히지 않았고 최종 목표를 결국 달성할 수 있었다.

어쩌면 처음부터 '세계 최고의 브라우저라면 적어도 매일 최소 1억 명은 사용해야 한다'고 생각했을지도 모른다. 오히려 첫해부터 1억 명의 사용자를 만들겠다는 목표는 말이 안 되는 것이므로, 2000만 명으로 낮게 잡은 것일 수도 있다. 결과를 보면서 목표를 수정하는 것이 아니라, 목표를 세우고 실행 가능한 단계를 밟아가는 것이다.

한 목표를 오랜 기간 밀고 나간다는 것은 결코 쉬운 일이 아니다. 목표를 반드시 달성하겠다는 강한 의지와 끊임없는 노력이 필요하다. 올바른 목표 설정과 목표 수치는 이러한 노력을 가치 있게 만들어준다.

좋은 OKR은 가슴이 뛰는 추상적인 목표를 구체적으로 정의하고, 목표 수치를 효과적으로 설정할 수 있도록 해준다. 또한 목표를 성취 가능한 형태로 바꾸어, 몇 년에 걸친 프로젝트나 어려운 목표도 달성할 수 있도록 도와준다.

세상에는 정말 열심히 일하고
작은 성취밖에 이루지 못하는 사람이 너무 많다.

– 앤디 그로브Andy Grove(인텔 창업자)

앤디 그로브는 OKR의 창시자로, 인텔의 기업가치를 4억 달러에서 197억 달러로 키웠다. OKR은 일을 열심히 하고자 세우는 게 아니다. 중요한 일에 초점을 맞추고, 필요 없는 일을 덜어내는 방법이다. 그래서 일의 양은 줄이면서도, 중요한 것에 집중해 더 많은 것을 이룰 수 있게 한다.

앞서 말했듯이 OKR은 목표(Objective)와 핵심 결과(Key result)로 이루어져 있다. '목표'는 어떤 목적을 이루려고 지향하는 실제적 대상이다. 목표는 중요도가 가장 높은 것이어야 하고, 구체적이어야 하며, 영감을 줄 수 있어야 한다. 잘 설정된 목표는 해석에 따라 달라져서 공유되는 사람들에게 혼란을 주는 것이 아닌 구체적인 행동과 연결되어야 한다.

'핵심 결과'는 목표에 다가서는 동안 상태 점검을 위해 설정하는 수치다. 이 수치는 도전적인 동시에 현실적이어야 한다. 달성

기간이 명확해야 하고, 구체적인 데이터로 입증할 수 있어 프로젝트를 마친 뒤에는 '달성했는가, 실패했는가'에 대한 답이 고민 없이 나올 수 있어야 한다. 데이터 해석의 여지에 따라 달성 여부가 달라지거나 고민을 해야 한다면, 적절하게 설정된 핵심 결과라고 보기 어렵다.

다음 예시를 통해 OKR을 삶에 적용하는 방법을 생각해보자.

수정 전 목표

지금보다 좋은 회사로 이직한다.

이 목표는 더 다듬어져야 한다. '좋은 회사'는 어떤 회사를 이야기하는가. 지금보다 좋은 회사의 의미가 구체적이고 명확해야 한다.

· 지금 회사에 어떤 불만이 있고, 어떤 부분을 개선하고 싶은가?
· 지금 하고 있는 업무에 흥미가 없는 것인가?
· 같이 일하는 사람들에게서 배울 점이 없다고 느껴지는가?

즉, '좋은 회사'라는 말은 상당히 많은 해석의 여지가 있기 때문에 목표를 달성해 나가는 과정에서 자신도 혼란을 겪을 가능성이 높다. 현재 회사에서 상황이 바뀔 때마다 이리저리 휘둘리게 된다.

또한 '좋은 회사'의 기준은 주관적이기 때문에 A라는 회사로 이직했을 때 누군가는 성공했다고 볼 수 있고, 누군가는 실패했다고 볼 수 있다.

뿐만 아니라, 이 목표에는 기한이 설정되어 있지 않다. 기한을 구체적으로 설정하고, '올해 안에 달성하고 싶다면 실현 가능성은 얼마나 되는가? 10년 후에 이 목표를 이룬다고 하더라도 목표를 달성했다고 할 수 있는가?' 등을 생각해봐야 한다.

수정 전 핵심 결과

· 매일 2시간씩 이직 준비를 한다.

· 건강 관리에 힘을 쓴다.

· 주위 사람들과 네트워크를 통해서 구인 중인 회사가 없는지 수소문한다.

핵심 결과에서는 일을 마치고 난 후 실행 여부 또는 성공 여부가 명확하게 파악되어야 하고, 측정 가능해야 한다. 말 그대로 핵심 결과를 설정하는 것이기 때문에 행동이 아닌 결과에 집중해야 한다.

예를 들어, 매일 이직에 시간을 쓰겠다는 내용이 아닌 이직을 통해 어떤 결과를 만들고 싶은지를 중심으로 작성해야 한다. 건강 관리가 간접적으로 이직에 도움이 될 수 있을지는 모르지만, 직접적인 연관이 없다. 따라서 건강 관리는 목표의 핵심 결과로는 적절하지 않다.

이번에는 수정된 OKR의 예시를 살펴보자.

수정 후 목표

2024년 9월 이전에 이직을 통해 내 몸값을 20% 상승시킨다.

목표는 '무엇을 달성한 것인가?'에 대한 답이다. 구체적이어야 하고, 그 결과가 내 삶에 영향을 줄 수 있어야 한다. 목표가 내 삶의 가치와 연결되어 있고 명확할수록 좋다. 정리하면 다음과 같다.

①무엇을 할지 명확하다. ②내 삶에 중요한 영향을 주고, 나를 자극하는 목표다. ③달성 기간이 정해져 있다.

이렇게 목표를 세우면 프로젝트가 끝난 후, 제3자가 평가를 했을 때 목표 달성에 성공했는지 실패했는지를 판단할 수 있다.

수정 후 핵심 결과

· 지금 회사에서 이직을 하고 싶은 이유와 다음 회사에서 무엇을 얻고 싶은지 3가지 핵심 키워드를 정한다.
· 이력서와 디자인 포트폴리오를 완성하고, 3명의 지인에게 리뷰를 부탁한다.
· 20곳 이상의 회사에 지원서를 제출한다.
· 10곳 이상의 회사에서 최종 면접을 본다.
· 최종 3곳 이상의 회사와 연봉 협상을 진행하여 현재 연봉보다 20% 높인다.

핵심 결과는 '목표를 어떻게 달성할 것인가?'에 대한 답이다. 측정이 가능해야 하고, 목표를 달성하는데 도움이 되어야 한다.

핵심 결과에서 중요한 것은 '행동'이 아니라 '결과'다. '상담한다', '도움을 준다', '분석한다', '진행한다' 등은 행동에 초점이 맞추어져 있다. 그래서 '디자인 포트폴리오를 완성한다(행동 중심)'에서 끝나는 것이 아니라 '3명의 지인에게 리뷰를 부탁한다(결과

중심)'로 이어져야 한다.

또 핵심 결과는 측정 가능해야 한다. '이직을 위해서 회사에 지원하기'보다는 '20곳의 회사에 다음 달 말일까지 지원해서 회신 받기'가 더 좋은 핵심 결과다.

시간이 지나 돌아봤을 때 '이 핵심 결과는 했다고 할 수도 있고, 안 했다고 할 수도 있네'라는 생각이 든다면, 더 다듬을 필요가 있다. 적절하게 OKR을 세웠는지 점검해보고 싶다면 다음 체크리스트들이 도움이 될 것이다.

- 만약 OKR을 세우는데 5분밖에 걸리지 않았다면 좋은 OKR이 아닐 가능성이 높다. 좀 더 생각해보고 개선의 여지를 찾아보자.
- 만약 목표가 한 줄로 요약되지 않는다면 구체적이지 않을 수 있다. 좋은 목표는 추가 설명이 필요 없다.
- 데드라인을 정해라. 만약 매 분기마다 새롭게 핵심 결과를 세우고, 기한을 매 분기의 마지막 날로 정했다면 기한이 없는 것과 같다.
- 핵심 결과는 행동 중심이 아닌 결과 중심이어야 한다. 예를 들어 이직을 목표로 핵심 결과에 디자인 포트폴리오 만들기

를 넣고자 한다면, 포트폴리오를 만드는 일 자체보다 중요한 것이 '포트폴리오를 통해 가져오는 성과'다.

만약 목표가 이직이 아닌 나를 알리고 포트폴리오를 홍보하는 것이라면, '○○사이트에 쇼케이스하기'라는 핵심 결과를 세우는 게 낫다.

· 핵심 결과와 목표의 상관관계를 지속적으로 파악하라. 만약 핵심 결과를 지속적으로 달성하고 있지만, 목표에 조금씩 가까워지고 있지 않다면 잘못된 핵심 결과일 가능성이 높다.

좋은 OKR을 세웠다면, 정기적인 핵심 결과 점검이 필요하다. 최소 주 1회 지속적으로 노력하고 있는지, 이 상태로 진행하면 정해진 기한 내에 달성할 수 있는지 등을 체크하는 것이다. 점수를 매기는 방법은 각자 정하면 된다.

구글에서도 어떤 팀은 신호등(청색, 황색, 적색)으로 점수를 매기고, 어떤 팀은 0점에서부터 1점까지 점수를 매긴다. 개인적으로는 핵심 결과 리스트에 신호등 방식으로 점수를 매기는 방법을 선호한다. 달성할 수 있는지 없는지 직관적으로 알 수 있고, 어떤 부분에 더 신경을 쓰고 노력해야 하는지 파악하기 쉽기 때문이다.

· 청색: 지금 이대로 진행하면 충분히 핵심 결과를 달성할 수 있다.

· 황색: 지금보다는 조금 더 노력을 기울여야 한다. 순조롭진 않지만 핵심 결과를 달성하는 것이 불가능하지는 않다.

· 적색: 진행이 매우 느리다. 이번 분기의 OKR은 포기하고 다음 분기로 넘겨야 할지 고민해봐야 한다. 왜 진행되고 있지 않은지, 어떤 부분이 막혀 있는지 생각해보고 그 부분을 점검해본다.

○ **OKR의 종류** ○

좋은 OKR을 세우는 방법과 다듬는 방법에 대한 감이 왔다면, 이번에는 OKR의 종류에 대해 알아보자. OKR의 종류는 크게 2가지가 있다.

해야만 하는 OKR(Committed OKR)

야심 찬 OKR(Aspirational OKR)

말 그대로 '해야만 하는 OKR'은 이번 분기가 끝났을 때 반드시 달성이 되어야 한다. 만약 이 OKR을 달성하기 어렵다는 판단이 들면, 다른 OKR을 포기할 각오도 되어 있어야 한다. 내 시간의 80% 정도를 할애한다.

'야심 찬 OKR'에는 내 시간의 나머지 20%를 투여한다. 이 목표는 100%를 달성하지 않고 70% 정도만 달성해도 괜찮다. 만약 그 이상 목표를 달성하고 있다면, 오히려 목표를 좀 더 높게 설정해보자.

당신이 생각하는 이상적인 목표는 무엇이고, 상상하는 당신의 모습은 어떠한가? 지금 해야만 하는 OKR도 중요하지만 야심 찬 OKR도 못지않게 중요하다. 우물 안 개구리가 되면 장기적인 비전과 안목을 가질 수 없게 되기 때문이다.

새로운 언어를 배우고 싶은가, 프로그래밍을 배우고 싶은가? OKR을 세우면서 점검해보자. 그 과정에서 이유가 분명해지고, 목표를 이루었을 때 그 결과가 내 삶에 어떤 영향을 줄 것인지에 대해 생각해볼 수 있다. 또한 어떤 것을 버리고 집중해야 하는지 기준이 명확해져 우선순위를 매길 수 있게 되고, 삶에서 어떤 목표와 성취가 자신에게 진정 중요한 것인지 깨닫게 될 것이다.

하루를 3개의
블록으로 나눠라

05

하루를 마치고 침대에 누울 때 습관적으로 '오늘 하루를 잘 보냈나?'라는 질문을 한다. '그래, 정말 알차게 보낸 것 같아'라고 자신 있게 대답할 수 있는 날은 내가 더 멋있는 사람이 된 것 같고, 인생을 잘 살고 있는 기분이 들었다. 하지만 하루를 허비한 것 같은 기분이 들 때면 내 자신이 싫어지고 사라진 시간들이 아까웠다. 하루를 어떻게 보냈느냐에 따라 내 자존감도 영향을 받았다. 시간을 흘려보내지 않고 의미 있게 쌓아갈수록 행복지수는 더 높아질 거라는 생각이 들었다.

'성공'은 재미있고 짜릿한 기분을 선사한다. 인생을 축소해 하루라는 단위로 보면, 성공한 하루는 결국 시간을 얼마나 알차게 잘 사용했느냐에 달려 있다. 게임에서 퀘스트를 하나씩 완료해나가다 보면 어느새 캐릭터가 레벨업이 되어 있듯이, 내가 세워 놓은 목표를 이뤄가다 보면 어느새 성장해 있는 자신을 발견할 수 있다. 그리고 그 성장은 행복의 발판이 되기도 한다.

나 또한 사람이기에 모든 시간을 알차고 뜻깊게 보내기 어렵다. 가끔은 게으름에 허덕이기도 하고, 에너지가 고갈되어 아무것도 하기 싫은 저녁을 보내기도 한다. 반대로 책상에 하루 종일 앉아 있었음에도 불구하고 아무런 소득이 없어 자책하기도 한다.

그렇다면 우리는 왜 시간을 허비하게 되는 걸까? 이 질문에서부터 이야기를 시작해보고자 한다. 다음은 취업을 위해 면접을 보는 상황이다.

면접관: 자신의 장점은 무엇이라고 생각하세요?

면접자: 저는 열정이 가득한 사람입니다.

면접관: 자신의 단점은 무엇이라고 생각하세요?

면접자: 제 단점은 과도한 열정이라고 생각합니다.

누군가는 면접자의 "제 단점은 과도한 열정이라고 생각합니다"라는 대답을 '똑똑하네. 단점이 마치 장점처럼 보이잖아?'라고 생각할 수 있겠지만, 나의 생각은 좀 다르다.

'과도한 열정'은 일의 우선순위를 정하지 못하고, 에너지와 시간이 한정되어 있다는 생각을 하지 못해 자신을 과대평가하는 것에서 시작된다. 능력 밖에 일을 계획하고 무리하게 약속하면서 문제가 생기기 시작한다. 할 일이 쌓여 항상 바빠 보이는 사람들의 특징 중 하나는 무엇 하나도 완성도 있게 마무리하지 못한다는 점이다. 다르게 말하면, 너무 많은 곳에 에너지를 분산하여 아무것도 제대로 하지 못한다.

우리 모두는 24시간이라는 시간적 한계가 있고, 체력이라는 물리적 한계가 있다. 만약 고시를 준비하는 사람이 "저는 앞으로 하루에 20시간씩 공부를 할 계획입니다"라고 했다면 어떤 생각이 드는가? 모두가 똑같이 '그건 불가능해. 잠도 자고 밥도 먹어야지. 남는 시간이 4시간밖에 없는데 자는 시간도 부족한 걸?'이라고 생각할 것이다.

'과도한 열정'이라는 것은 이런 것이다. 이 고시생처럼 지나친 계획과 목표를 하루에 욱여넣으면 달성하지 못하는 것이 당연하다. 그래서 나는 이 '과도한 열정'을 다른 말로 자신의 능력치를 파악하는 메타인지 부족, 그리고 시간 관리 능력 부족이라는 말로 대체하고 싶다. 이 상황이 지속되면 계획한 것 어느 하나도 마음에 들게 달성하지 못해 자존감은 바닥을 치고, 일의 효율은 오히려 더 떨어지게 된다.

나 역시 마찬가지였다. 능력을 과대평가하거나 무리한 계획을 세운 뒤, 그것을 지키지 못하는 날이 많아지자 자괴감으로 행복감이 떨어지는 경험을 하게 되었다. 자신의 한계를 인정하고 알맞은 계획을 세워야 한다. 중요한 일에 좀 더 집중하고, 상대적으로 중요도가 떨어지는 일은 제쳐 놓을 수 있어야 한다.

중요한 일 3가지에 집중하고, 나머지는 모두 No라고 말할 수 있는 용기와 결단력이 필요하다. '모든 것이 중요하다'는 것은 '아무것도 중요하지 않다'는 것과 동일한 말이다.

하루에 해야 하는 수많은 일들 가운데, 반드시 해야 하는 중요한 일은 놓치지 않으면서 시간을 확보해 내가 하고 싶은 일까지 만족스럽게 끝내는 방법에 대해 정리했다.

1. 하루를 3개의 블록으로 나누고, 할 일을 3가지만 정한다.

아침에 일어나서 혹은 출근 후 책상에 앉아서 '오늘의 할 일' 목록을 정리한다. 이때 아무 생각 없이 쭉 나열하다 보면 '과도한 열정'에 빠질 수 있다. 이 목록에는 시간의 개념이 없기 때문이다. 여기에는 처리하는 시간이 오래 걸리는 일과 적게 걸리는 일이 있고, 난이도가 높은 일과 낮은 일, 마감 기한이 코앞인 일과 기한에 여유가 있는 일 등이 뒤엉켜 있다. 먼저 하루를 단순화시켜 보자.

기상 → 모닝 루틴 → **오전 일과** → 점심 → **오후 일과** → 저녁 → **저녁 일과** → 저녁 루틴 → 취침

하루를 단순화해서 보면, 우리가 일을 할 수 있는 시간은 '오전 일과, 오후 일과, 저녁 일과' 이 3개의 블록밖에 없다. 그래서 가장 좋은 방법은 '오늘의 할 일'을 그저 나열하는 것에서 그치는 것이 아니라, 한 발 더 나아가 3개의 블록을 어떻게 활용할 것인지 생각해보는 것이다.

먼저 '이것만 다해도 오늘 하루는 괜찮다'라는 생각이 드는 가장 중요한 일 3가지를 뽑는다. 오전 일과에 할 일 하나, 오후 일과에 할 일 하나, 저녁 일과에 할 일 하나 총 3가지를 배치하는 식이다.

하루가 시작되면 당신은 여러 개의 구슬 중 단 3개만 선택할 수 있다. 그리고 이 3개의 구슬을 '오전, 오후, 저녁'이라는 세 자리에 알맞게 넣어야 한다. 만약 시간이 남는다면, 다른 것을 시도

하기 보다는 과감하게 휴식을 취해라. 이미 오늘 해야 할 중요한 3가지는 달성했으니 아쉬울 것이 없다.

어떤 일이 '오늘의 할 일 3가지'에 계속 뽑히지 않는다면, 그 일을 하지 않는 방향을 생각해봐야 한다. 그렇지 않으면 과도한 열정에 빠져 허둥지둥하다가 아무 일도 제대로 처리하지 못한 채 시간을 보내게 된다. 한다고 결심하는 것도 중요하지만, 안 한다고 결심하는 것 역시 중요하다.

그래서 나는 하루 계획을 '중요한 일 3가지만 하기'로 세울 것을 권한다. 하루를 시작할 때 '이 정도는 나도 할 수 있겠는데?'라는 가벼운 마음을 가질 수 있고, 하루를 마무리할 때 '오늘 하루는 알차게 잘 보냈어'라는 기분을 느낄 수 있다.

'난 이것보다 더 할 수 있는데?'라는 생각이 든다면, 중요한 일 3가지를 난이도가 좀 더 높거나 처리하는 데 시간이 더 걸리는 일로 설정해보자.

계획을 세우고 실행하는 것도 습관이 된다. 하루아침에 바이올린을 잘 연주할 수 없듯이, 계획을 세우고 실행하는 기술 역시 단기간에 가질 수 없다. 쉬운 단계부터 어려운 단계까지 기술을 갈고닦아 나가면서 완전히 내 것으로 만들어야 한다.

2. 하고 싶은 일을 하는 시간을 할당해 놓는다.

일부 직장인들은 우스갯소리로 '퇴사가 꿈'이라고 말한다. 직장을 그만두고, 즉 해야 할 일도 없고 아무 의무도 없이 사는 것이 행복할까? 삶의 기준은 각자 다르지만, 나는 그렇게 생각하지 않는다. 결국에는 허무가 찾아올 것이다.

도파민 헌터가 되어 하루가 온통 넷플릭스, 유튜브, 인스타그램, 게임으로만 채워져 있는 삶이 과연 행복할까? 매일 한적한 바다를 바라보며 휴식을 취하는 삶이 행복할까? 결국에는 지루해질 것이다. 삶에 어떤 의무와 책임이 없다면 휴가와 쉼의 의미도 퇴색될 것이고, 나아가 일할 에너지를 잃게 될 것이다.

중요한 것은 해야 할 일과 하고 싶은 일 중 하나를 배제하는 것이 아니라, 조화롭게 균형을 유지하는 것이다. 즉, 적당한 의무감을 가지고 과도하지 않게 해야 할 일을 하면서, 내가 하고 싶은 일을 사이드로 하면 성공과 행복의 균형을 잡을 수 있다.

직장인의 경우 업무시간이 9시부터 6시까지인 점을 고려하면, 해야 할 일을 하는 시간은 정해져 있다. 그러나 하고 싶은 일을 하는 시간은 보통 정해 놓지는 않는다. 정해 놓지 않으면 '나중에 하지 뭐' 하면서 점점 미루게 되고 시작이 어려워진다. 또 일상에서 시간과 에너지가 고갈되는 일이 많아지면 나중에는 내가 뭘 좋아하는 사람이었는지도 잊어버리게 된다. 하루 중 내가 하고 싶은 일을 할 수 있는 시간을 정해두자.

어떤 사람에게 그 시간은 조용한 새벽일 수도 있고, 어떤 사람은 모든 일과를 마치고 난 저녁 시간일 수도 있다. 또는 점심시간을 이용할 수도 있다. 여러 가지 방법을 시도해보고, 자신에게 맞게 선택하면 된다. 그 시간은 중요하지 않다. 하고 싶은 일을 하는 시간을 할당해 놓는 게 중요하다.

미해군 특수부대 네이비 실을 전역한 군인 조코 윌링크(Jocko Willink)는 저서 《규율은 곧 자유다(Discipline equals Freedom)》에서 '모든 사람들은 자유를 원한다. 그러나 자유로운 곳으로 갈 수 있는 길은 모두 규율하에 있다. 규율이 자유를 지키고, 더 많은 것을 이룰 수 있게 한다'는 메시지를 전한다.

최근 조코 윌링크가 팟캐스트에 출연해 다음과 같이 말했다.

진행자: 만약 힘이 없거나, 오늘 뭔가를 할 수 없을 것 같다고 느낄 때 어떻게 하세요?

조코 윌링크: 일단은 해냅니다. 만약 오늘 정말 프로젝트를 거들떠보기도 싫어요? 그래도 저는 그 프로젝트를 합니다. 만약 아침에 일어나기 힘들고 침대에서 나가기 싫어요? 네, 저는 아침에

일어나서 침대에서 나갑니다. 이게 사실 '이제 휴식이 필요해'라는 신호일 수도 있어요. 그런데 오늘은 쉬지 마세요. 내일까지 기다려 보세요. 저는 일을 미루는 걸 정말 싫어합니다. 하지만 휴식은 내일로 미뤄야 해요. 만약 내일도 휴식을 취해야 한다는 생각이 들면 그때 휴식을 취하세요.[3]

하루 계획을 세울 때 하고 싶은 일을 하는 시간을 할당하고 거침없이 실행하자. 하고 싶은 일이 반드시 재테크 공부나 영어 공부처럼 생산적이거나 미래에 도움이 되는 일일 필요는 없다.

가족과 좋은 시간 보내기, 관심 분야 책 읽기, 피아노 연주 등 세상에는 재미있는 일이 너무나도 많다. 그런 것들을 하나씩 해나가다 보면 '나는 누구지?', '나는 뭘 좋아하는 사람이지?'라는 질문에 더는 고민하지 않아도 된다. 내가 좋아하는 것이 미래의 나를 만들고, 내가 좋아하는 것들로 채워진 시간이 '나는 누구지?'라는 질문의 답을 말해주고 있기 때문이다.

나 자신을 더 잘 이해하고, 미래를 내가 즐기는 것들로 가득 채우고 싶다면, 지금 이 순간 침대에서 나와야 한다. 행동만이 진정한 변화와 나 자신을 입증할 유일한 방법이다.

3. 삶에 끌려가지 않고 주도한다.

회사원이든 사업을 하든 성과를 내거나, 자신감을 가지고 살아가는 사람들을 보면 자신의 삶을 리드하며 산다는 공통점이 있다. 해야 할 일이 있을 때는 게을러지고 싶은 본성을 거슬러 침대에서 일어나고, 시간을 갉아먹는 일을 차단한다. 중요한 것과 그렇지 않은 것을 구분해 중요한 일에 대해서는 누구보다도 진지하고 열정적인 자세로 임하는 반면, 무의미한 일이라고 판단되면 거들떠보지도 않는다.

갑자기 맡겨진 일의 대부분은 남이 시킨 일이거나, 내 일이 아닌 경우가 대부분이다. 자신의 삶을 주도하는 사람이 되고 싶다면, 기꺼이 '아니오'라고 말할 수 있는 용기를 가져야 한다. 능력 밖의 일이나 일을 비효율적으로 처리하는 방식에 '아니오'라고 말할 수 있어야 하고, 무의미한 저녁 약속도 거절할 수 있어야 한다.

그러나 중요한 전제조건이 있다. 바로 무엇이 중요하고, 현재 어떤 일에 집중해야 하는지 알고 있어야 한다는 것이다. 중요하지 않은 것에 '아니오'라고 말하는 이유는 바로 중요한 것에 집중하기 위해서다.

'생각하면서 살지 않으면, 사는 대로 생각하게 된다'고 한다. 내가 원하는 것이 무엇인지, 그리고 현재 하는 일이 어떻게 내 삶에 도움이 될 수 있는지를 항상 생각하면서 살아야 한다. 그렇지 않으면 게으름이라는 본성에 사로잡혀, 그냥 흘러가는 대로 삶을 맡기게 될 것이다.

침대에 누울 때 '오늘 하루 좋았다'라는 감정과 뿌듯함이 느껴진다면, 그걸로 충분하다. 세상을 바꿀 만큼 열심히 일하지 않아도 괜찮다. 나는 무엇을 할 때 행복한 사람인지, 그리고 그 일을 얼마나 자주 하고 있는지 한 번쯤 돌아보면 좋지 않을까?

이러한 삶의 태도를 가지면 '나는 누구인가?'라는 질문에 답할 수 있게 된다. 도전하고 실패하고 좌절하고 성공을 맛보면서 '나는 이런 것을 좋아하는 사람이구나', '나는 이 일을 할 때 정말 안 맞았어'라는 느낌이 든다. 우리는 계속 좋아하는 일을 더 자주 하려고 노력할 것이고, 그 노력 끝에 남는 것은 '아, 나는 이 일을 할 때 행복한 사람이구나'라는 인식이다. 이러한 깨달음은 정말 큰 행운이다.

마음을 열고 의도적으로 시간을 내어 나만의 프로젝트를 진행하다 보면 자신이 언제 행복한지를 발견할 수 있다. 그리고 이러한 순간들이 반복되면, 나다운 미래를 만들어 나갈 수 있게 될 것이다.

사이드 프로젝트
관리법

여러 사이드 프로젝트를 진행하며 얻은 가장 큰 자산은 혼자 프로젝트를 이끌어 나갈 수 있는 능력이다. 어떤 주제든 추상적인 문제들을 쪼개서 구체적인 액션 아이템으로 만들고, 이것을 프로젝트 진행 계획에 넣는 일은 누구보다 자신이 있다. 이 방법은 어디에서 배운 것이 아니라, 여러 프로젝트를 진행하면서 나에게 가장 잘 맞는 방법을 고안해낸 것이다.

기존에 나와 있는 프로젝트 관리법과 노하우를 적용해 보았지만, 100% 잘 맞는 방법은 없었다. 그러나 좋은 틀을 제공해주고,

나에게 맞는 방법을 찾기 위한 출발점이 되었다. 다음 소개하는 방식 역시 맞춤복처럼 모두에게 가장 효율적인 방법이 아닐 수 있다. 참고하여 자신만의 방식을 찾을 수 있길 바란다.

하지만 자신에게 맞는 방법을 찾는다고 하더라고 사실 '끝'이 아니다. 또 개선해야 될 점이 보인다면 적극적으로 검토하고, 프로젝트의 특성에 맞게 방법을 수정해야 한다.

○ OKR 일정 관리 ○

나는 프로젝트 관리를 할 때 노트 필기앱인 노션(Notion)을 활용한다. 보통 회사에서 1년을 3개월씩 4분기로 시간을 나누어 관리하듯이, 개인적으로도 이 방법을 적용하고 있다. 이렇게 하면 가능한 시일 내에 달성할 수 있는 목표를 세우기도 쉽고, 너무 먼 미래가 아닌 지금 당장 할 수 있는 일을 찾을 수 있게 된다.

그래서 나는 3개월에 한 번 OKR을 세운다. 이 일을 할 때 보통 1~2시간 정도가 걸리는데 나 자신을 점검할 수 있는 소중한 시간이다. 점검하면서 다음과 같은 핵심 질문을 고민한다.

· 나는 올바른 방향으로 나아가고 있는가?

· 나는 중요한 것에 집중하여 시간과 에너지를 쏟고 있는가?

다음은 내가 만든 노션 템플릿 샘플이다. 직접 수정이 되지 않으므로, 복사본을 자신의 계정으로 가져와 수정해 사용하면 된다. QR코드를 스캔해서 OKR 템플릿을 확인해보자.

그림은 OKR 템플릿 목차와 첫 번째 항목인 Learning point 이다. 첫 번째 항목은 분기를 시작하기 전에 기록하지 않고, 분기가 진행되는 동안 새로 배우거나 깨달은 점을 그때그때 기록하는 곳이다. 미팅이나 회의를 하면서 부족한 부분을 느꼈다면 배울 점을 적고, 직장에서 멘토와 상담을 했는데 커리어에 대한 새로운 접근법을 배웠다면 배운 점을 적는 식이다.

예1) 컴퓨터 앞에 앉으면 생각 없이 일을 시작하지 말고, 어떤 일을 할 것인지 먼저 생각하자. 그렇지 않으면 쉬운 일만 하고 싶고, 인터넷 검색을 하다가 시간을 낭비하게 된다.

예2) 누구에게나 배울 점은 있다. 다만 내가 배우려고 하는지 배우지 않으려고 하는지에 따라 달려 있다. 삐딱하게 사람을 보지 말자.

예3) 회의에 참석 전에 무슨 이야기를 할지 미리 정리해서 가자. 앉아만 있는 것은 아무에게도 도움이 되지 않는다.

이렇게 적어나가면 좋은 점이 있다. 무언가를 할 때 '내가 배울 점은 뭐지?'라는 질문을 수시로 하게 된다. 이 질문은 다른 사람을 섣불리 판단하지 않게 하고, 항상 겸손한 자세를 갖게 한다.

두 번째 항목은 개인적인 OKR과 공적인 OKR이다. 이번 분기의 목표(Objectives)와 목표를 이뤘다고 증명할 수 있는 핵심 결과(Key results)를 적는다.

이 항목을 정리하면서 3개월 동안 무엇에 집중하고 싶고, 무엇을 집중하지 않아도 되는지 구분할 수 있다. 시간과 에너지는 한정되어 있으므로, 중요한 일은 미리 OKR을 세우면 된다. 만약 이 OKR이 되지 않았다면 과감하게 제쳐 두는 기준이 된다.

보통 중요하지 않게 생각하는 일들은 대부분 급하게 들어온다. 구글에서는 OKR 문화가 자리 잡혀 있기 때문에 누군가 급하게 업무를 시킬 때 "그게 이번 분기 OKR에 있나요?"라는 질문을 해서 일을 거절할 수 있다.

대부분의 사람들이 이 상황을 용인하고, 급하게 들어온 업무이지만 중요하다고 판단되면 다음 분기 OKR에 넣는다. 이 정도 중요한 일이 아니라면, 보통 그렇게 중요도가 높은 일이 아니다.

Planner

월간 planner

⚠ 이곳에는 전반적으로 한 주마다 해야 할 것들을 큰 그림 차원에서 정리합니다. 세부적인 태스크 레벨까지는 내려가지 않아도 좋습니다.

Jan

✏ 내용을 입력하세요

1st week	2nd week	3rd week	4th week
☐ 할 일	☐ 할 일	☐ 할 일	☐ 할 일

Feb

✏ 내용을 입력하세요

1st week	2nd week	3rd week	4th week
☐ 할 일	☐ 할 일	☐ 할 일	☐ 인수 인계

Mar

✏ 내용을 입력하세요

1st week	2nd week	3rd week	4th week
☐ 할 일	☐ 할 일	☐ 할 일	☐ 할 일

세 번째 항목은 월간 계획으로 먼저 3개월(12주)간 각 주에 해야 할 일, 중요한 일을 정리한다. '7월 1주 강의 50% 수강하기/ 7월 4주 중요한 발표 준비/ 8월 2주 가족 여행 준비'와 같이 계획

의 큰 그림을 잡아둔다. 큰 그림을 그린 뒤에는 그 주를 시작하는 월요일에 세부 일정을 세운다. 개인과 회사를 구분해 '이번 주는 무엇에 집중하고 싶은가? 이 일을 하는 목적은 무엇인가? 이 일이 이번 분기의 OKR과 어떤 연관이 있는가?' 살펴본다. 분기별, 주별 계획이 정리되면 이번 주에 무엇을 해야 하는지 정리하는 것은 어렵지 않다.

이번에는 주간 계획을 살펴보자. Jan 01을 클릭하면 세부 내용이 나온다. 주간 계획은 매주 월요일마다 15분 정도를 확보하여 진행한다. 먼저 이번 주에 집중하고자 하는 일을 3가지씩 적는다. 본업 3가지, 사이드 프로젝트 3가지를 적지만 반드시 3가지가 아니어도 상관없다.

그 다음 항목은 '고민하고 있는 것들'을 적는다. 이 부분은 현재 실행할 만큼 준비가 되어 있지 않은 일들이다. 예를 들면 '카메라를 사고 싶은데, A모델은 이게 좋고 B모델은 저게 좋은데 어떤 걸 사지?' 혹은 '회사에서 이 일을 진행하고 싶은데, 누구와 의논해야 하지?'라는 종류의 고민들이다. 즉각적인 조치가 필요하지 않아 결론을 내리지 못했지만, 아직 익지 않아 고민하는 시간이 더 필요한 항목이다.

다음은 일일 계획을 세우는 구간이다. 오늘과 내일, 그리고 이번 주 안에 해야 할 일들에 대한 계획이 구체적이어서 To do리스트를 확인하는 순간 고민 없이 실행에 옮길 수 있어야 한다.

나는 친구들과의 약속도 해야 할 일 목록에 정리한다. 심지어 쉬는 시간까지 계획에 포함하면 훨씬 더 휴식을 잘 취한 느낌을 받을 수 있다. 이렇게 하면서 마음의 안정감을 얻고 게으름을 방지한다. To do리스트 버튼을 클릭하여 할 일을 추가하고, Note 버튼을 클릭하여 언제든 생각이 떠오를 때 메모한다.

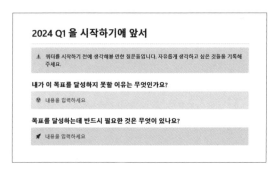

네 번째 항목은 계획을 세우고 시작하기 전에, 이번 분기에 중요한 목표에 대해 다시 한번 생각해보기 위한 것이다. '이 목표를 달성하지 못할 수도 있는 이유'와 '이 목표들을 달성하지 못했을 때 어떤 일이 일어날지' 생각해본다.

2023 Q4 후기 작성

⚠ 전반적으로 본인이 보낸 쿼터에 대한 작성입니다. 어떤 것들이 잘되었고 어떤 것들이 개선의 여지가 있는지 생각해 보세요.

어떤 점이 잘 진행되었나요?

📷 내용을 입력하세요

성과 리포트 혹은 포트폴리오로 만들 일은 어떤 것이 있나요?

☑ 내용을 입력하세요

무엇을 더 잘할 수 있었나요?

♠ 내용을 입력하세요

어떤 사람들을 새로 만났나요?

📧 내용을 입력하세요

마지막 항목은 복기를 마치고 작성한다. 먼저, '무엇을 잘했는지'를 생각해본다. 목표 관리가 잘되었을 수도 있고, 사람들과의 관계 증진에 기울인 노력이 효과를 발휘했을 수도 있다. 다음 분기에도 이 칸에 잘한 점을 적고 지속하기 위해 노력하자.

다음에는 '무엇을 더 잘할 수 있었는가'를 평가한다. 아쉬운 점과 그 이유, 다음 분기에 같은 일을 반복하지 않으려면 어떻게 개선해야 하는지 고민해본다. 요즘 주변 사람들과 관계는 어떤지, 동료들로부터 어떤 피드백을 받았는지 등을 생각해볼 필요가 있다.

○ 프로젝트 관리 ○

앞서 프로젝트 일정을 관리하는 방법을 배웠으니, 이번에는 프로젝트를 관리하는 방법에 대해 알아보자. 조금 더 자세히 프로젝트를 들여다볼 시간이다. 다음은 내가 프로젝트를 시작하기 전에 작성하는 템플릿 샘플이다. QR코드를 스캔해서 확인하자.

위 그림은 프로젝트 템플릿 목차와 첫 번째 항목인 해야 할 일 리스트다. 이 부분을 가장 처음에 둔 이유는 페이지를 열자마자 프로젝트를 달성하기 위해 무엇을 해야 하는지 빠르게 확인하기 위해서다. 해야 할 일들의 진행 상황, 필요한 에너지 수준, 우선순위 등을 표시한다. 특히 일을 할 때 에너지 안배가 중요하므로 하루 중에 집중이 잘 되는 시간과 집중이 잘 안 되는 시간으로 나누어, 필요 에너지가 적은 일은 집중이 잘 안 되는 시간에 넣고, 필요 에너지가 많은 일은 집중이 잘 되는 시간에 배치한다.

목표

> 목표가 무엇인지 생각해 봅시다. 그리고 목표가 달성된 후의 나를 생각해 봅시다.

Objective:
목표 달성에 걸리는 시간 예상:

Key result

> 목표를 달성하는데 성과를 측정하는 도구입니다. 숫자로 표현될 수 있으면 좋습니다.

☐ 할 일
☐ 할 일

Gap analysis

> 지금 현재의 모습과 프로젝트를 달성하고 난 모습과의 차이에는 어떤 게 있습니까? 차이를 여실히 적어 봅니다.

☐ 할 일
☐ 할 일

두 번째 항목은 목표와 핵심 결과를 설정하는 곳이다. 목표는 한 문장으로 최대한 정확하고 구체적으로 작성한다. 다음으로 '현재 나의 모습과 프로젝트를 달성하고 난 뒤의 모습'을 생각해본다. 그리고 두 모습의 간극을 좁히는 방법을 고민해본다.

예를 들어 프로젝트를 '이직 준비하기'라고 정했다면, 이직 준비가 완료된 자신의 모습과 현재 모습 사이에 어떠한 간극이 있는지 분석해본다.

지금은 포트폴리오가 정리되어 있지 않고, 이력서도 업데이트 되어 있지 않으며, 추천받을 사람들도 확정되지 않았다. 하지만 이직 준비를 마치고 나면 이 모든 것들이 업데이트되어 있을 것이다. 현재 모습과 미래에 프로젝트를 달성한 나의 모습을 분석하면, 무엇을 해야 하는지 선명해진다.

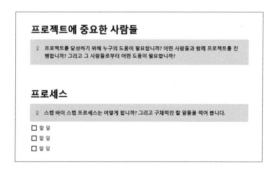

세 번째로 이 프로젝트에 중요한 사람들은 누구인지 생각해본다. 혼자 진행하는 프로젝트 일지라도 프로젝트와 사람들을 연결시킨다. 모두 사람이 하는 일이므로 이 프로젝트가 누구와 관련이 있고, 누구에게 영향을 주고, 같이 하는 사람은 누가 될 수 있는지, 누구에게 인정받기 위한 것인지 등을 생각해본다.

마지막으로 프로세스를 정리한다. 단계별 과정을 정리하면서 어떻게 목표를 달성할 수 있는지에 대해 생각해볼 수 있다.

사이드 프로젝트는 혼자 시작하는 경우가 많다. 그래서 프로젝트를 관리하는 툴이 필요하다. 계획 없이 진행하다 보면 흐지부지되는 경우가 대부분이다. 계획을 세우고 실천하다 보면 성과가 하나둘씩 보이기 시작할 것이고, 성과를 체크하는 것만큼 재미있는 일이 없다는 것을 알게 되는 순간이 올 것이다.

구글에서 일하다 보면 주위에 똑똑한 사람들이 많다. 그런 사람들이 공통적으로 가지고 있는 능력은 뛰어난 디자인 기술이나 코딩 기술이 아니다. 이것은 그 능력의 일부분일 뿐이다. 그들은 어떤 목표를 달성하기 위해 큰 그림을 그리면서 동시에 그 목표 달성하기 위한 일들을 분석해 구체적인 그림을 그린다.

구글에서 새로운 제품을 기획하고 디자인하는 일은 결코 단순하지 않다. 그들은 멀리서 숲을 보기도 하고 나무를 자세히 관찰하기도 하면서 아주 빠르게 줌 인과 줌 아웃을 한다. 줌 아웃해서 회사에 어떤 수익을 가져다주고 세상 사람들에게 어떤 도움을 줄 수 있는지 큰 그림을 파악하고, 다시 줌 인하여 이 제품에서 버튼이 어떻게 들어가야 감각적이고 효율적인지 결정한다. 이것은 일을 하면서 자연스럽게 배우는 것이 아니라, 훈련과 많은 생각을 통해서만 배울 수 있는 능력이다.

마찬가지로 우리 삶에서도 큰 그림과 작은 그림을 동시에 빠르게 볼 수 있어야 한다. 지금 하는 행동이 미래에 어떤 도움이 되는지, 내가 살고 싶어하는 삶에 가까워지고 있는지 등을 생각해볼 수 있어야 한다. 앞서 소개한 템플릿은 우리의 큰 그림인 '삶'과 작은 그림인 '할 일'을 연결시키는 데 도움을 줄 것이다.

우리는 타인과 커피숍에서 대화를 하면서 많은 시간을 보내지만, 자신과의 대화에는 시간을 할애하지 않는다. 자기 자신과 대화하는 방법을 잘 모르기 때문이다. 내가 그랬듯이, 템플릿을 작성하면서 자신과 대화하는 법에 대한 힌트를 얻을 수 있을 것이다.

정해진 답은 없다. 템플릿을 카피해서 마음대로 바꿔보고 자신에게 맞춰보자. 각자가 처한 환경과 조건, 라이프스타일에 맞는 방법을 찾아 삶의 큰 그림과 작은 그림을 연결시키면서 자기 자신과의 대화가 자연스러워지길 바란다.

Chapter 4

미래는
저녁 8시에
결정된다

'하고 싶은 일'과 '해야 하는 일' 중에 어떤 일을 먼저 해야 할까? 정해진 시간 안에 어느 곳에 에너지를 쏟을지 고민하다 보면 항상 하고 싶은 일이 우선순위에서 밀리게 된다. 하고 싶은 일은 당장 나에게 이득을 가져오지 않지만, 해야 하는 일은 즉각적으로 경제적 이득이든, 시험에서의 좋은 성적이든 보상이 따르기 때문이다.

그래서 우리 삶에는 해야 하는 일을 하면서도, 하고 싶은 일을 만드는 시스템이 필요하다. 해야 하는 일이 모든 일상을 차지하고 있다면, 나의 정체성과 미래를 진지하게 생각해보는 기회를 갖기 어려울 것이다. 또한 본업 외에 나를 설레게 하는 사이드 프로젝트로 수입을 창출해야겠다는 결심을 한다고 해도 생각에만 머문 채 실천에 옮기기 쉽지 않다.

그래서 하고 싶은 일에 초점을 맞추는 시스템을 만들어야 한다. 하고 싶은 일을 습관화하면, 해야 하는 일과의 우선순위에 밀려 타협하지 않고 삶의 일부로 만들 수 있다.

이번 챕터에서는 사이드 프로젝트를 습관화하여 삶의 중요한 부분으로 유지하는 방법에 대해 알아보자. 사이드 프로젝트와 함께하는 시간이 길어질수록 삶에서 없으면 안 되는 중요한 시간이 되어 결국 내 미래를 만들어 줄 것이다.

사이드 프로젝트를 습관화하는 방법을 알아보기 전에 다음 질문을 자신에게 해보자.

- 사이드 프로젝트를 진행했던 경험이 있는가?
- 사이드 프로젝트로 성과를 낸 경험이 있는가, 현재 당신의 삶에 어떤 영향을 미치고 있는가?
- 만약 성과를 내지 못했다면 어떤 부분에서 막혔는가, 그 막힌 부분은 어떻게 하면 해소할 수 있는가?
- 만약 게으름이 당신을 방해했다면 이유는 무엇인가? 프로젝트가 진척되지 않아 질린 것인가, 같은 고비가 온다면 어떻게 게으름을 방지할 수 있을 것인가?
- 사이드 프로젝트를 통해 자신이 원하는 삶에 좀 더 가까워

질 수 있다고 생각하는가?

　나는 사이드 프로젝트의 주제를 선정하고 진행할 때 항상 회사와는 상관없이 독립적으로 생각한다. 나는 지금 원하는 삶을 살고 있는가, 그렇지 못하다면 무엇이 부족한가. 그 부족한 것을 채우려면 어떤 사이드 프로젝트들이 필요한가.

　나에게 사이드 프로젝트는 이제 습관이 되어 내 삶의 일부가 되었다. 습관이 되어 항상 무엇인가를 진행할 수 있는 여력이 있다면, 사실 무엇도 두려울 것이 없다. 사이드 프로젝트를 결정하는 것은 자신이고, 자신의 마음에 따라 삶의 방향을 얼마든지 바꿀 수 있기 때문이다.

습관은
어떻게 만드는가

습관은 중요하다. 그러나 왜 중요한지에 대해서 이해하고 있는 사람은 드물다. 습관이란 무엇이고, 왜 중요하며, 습관이 미래에 어떤 영향을 주는지 알아보자.

아침에 일어났다. 침대에 누운 채로 30분간 휴대폰을 보다가 침구 정리를 대충 하고 화장실에 간다. 주방으로 가 커피를 내리고, 컴퓨터 앞에 앉아 이메일을 확인하고, 네이버 검색창에 실시간 키워드와 뉴스를 검색해본다. 이 모든 행동은 습관이다.

이 과정에서 보통 우리는 생각을 하지 않는다. 이미 습관이 되었기 때문이다. 그래서 어떤 행동들이 완전히 몸에 배이면 특별히 생각하지 않아도 '습관'이라는 바구니 안에 담겨 있는 대로 움직인다. 마치 보이지 않는 손처럼 우리를 조정한다.

습관 중에는 노력하여 만든 좋은 습관도 있고, 라이프 스타일에 맞게 저절로 만들어진 습관도 있을 것이다. 그 시작이 어떠하든 습관은 노력하지 않아도 꾸준히 할 수 있는 활동이라 삶에 미치는 영향이 클 수밖에 없다. 결국 습관이 우리를 만들고 지배하는 셈이다.

습관에는 여러 가지 종류가 있다. '매일 아침에 일어나 커피를 마시는 습관'이 자신의 정체성을 만드는 데 큰 영향을 미치지 않을지도 모른다. 하지만 당신의 말과 행동, 생각 방식 역시 습관이다. 친구들과 있을 때 어떤 방식으로 대화하는가? 상사와 이야기를 나눌 때, 프레젠테이션을 할 때 자주 사용하는 언어습관이 있는가?

보고서를 제출할 때 오탈자를 체크하고, 여러 번 반복해서 검토하는 습관이 있다면 '디테일에 강한 사람'이 된다. 당신에게 '상대를 위해 문을 먼저 열어주는 습관, 대화할 때 상대의 말을 끝까지 듣는 습관'들이 있다면 주변 사람들에게 '배려심이 많다'는 평을 듣고, 자신의 정체성도 여기에 맞게 규정된다. 어제의 습관이 오늘도 이어질 것이고, 그 습관은 한동안 지속될 것이다.

여기서 놀라운 것은, 습관들을 통제하고 의식적으로 행동을 선택하면 내가 원하는 정체성을 만들 수 있다는 점이다. '매일 아침 일어나서 운동을 하겠다'는 결심을 하고 습관화하면 건강한 몸과 멘탈을 가진 사람이 될 수 있고, '매일 퇴근 후에 기타를 배우겠다'는 결심 후 실천에 옮기면 연주를 즐기는 사람이 될 수 있다.

자신의 모습을 완전히 탈바꿈하여 새로운 정체성을 만들라는 것이 아니다. 사소한 습관부터 시작하면 된다. 지금 현재보다 더 나은 자신을 만들기 위해 아주 작은 것부터 시작하면 된다. 습관은 자신의 정체성을 만들어나가는 씨앗과 같다. 씨앗이 자라 나무가 되기 위해서는 양분이 풍부한 땅, 알맞은 햇빛, 적당량의 비라는 조건이 충족되어야 한다. 씨앗들이 모두 나무가 되지 못하는 이유다.

새로운 습관을 시도하고 정착시키는 과정에서 실패하는 것은 당연하다. 그러나 습관이 나무가 되고 나면, 자동화가 되기 때문에 힘을 들이지 않아도 자신의 정체성에 영향을 주게 된다.

습관을 정착시키기는 어렵지만, 익숙해지면 운동을 하려고 노력하는 것이 아니라 운동을 안 하면 안 되는 상태가 될 것이고, 명상을 하려고 애쓰기 보다는 명상을 하고 싶은 자신의 모습을 발견할 수 있을 것이다. 이처럼 좋은 습관은 어제보다 나은 자신의 정체성을 만드는 데 아주 강력한 도구가 된다.

좋은 습관을 정착시키는 방법을 알아보기 전에, 습관의 정의에 대해 먼저 알아보자. 습관이란 무엇일까? 먼저, 습관은 목표가 아니라는 것을 기억해두자. 목표에는 시작과 끝이 있다. 목표는 달성하고 나면 끝이 난다. 하지만 습관은 매일 반복되는 것이므로 끝이 없고, 일상에 많은 영향을 준다. 습관은 다음과 같은 4가지 특징이 있다.

1. 일정 조건이 충족되면, 무의식적으로 발현된다.
2. 반복을 통해 만들어진다.
3. 한번 만들어진 습관은 고치기 힘들다.
4. 애쓰지 않아도 저절로 하게 된다.

이처럼 처음에 의식적으로 어떤 행동을 시작하더라도 반복되어 몸이 기억하게 되면, 의식하지 않아도 자동으로 그 행동을 하게 된다.

행동 과학 이론에 따르면 습관을 만드는 방법은 크게 2가지가 있다.[4]

고전적 조건화(Classical conditioning)

조작적 조건화(Operant conditioning)

두 방법의 차이는 행동의 자발성 유무다. '고전적 조건화'는
널리 알려져 있는 파블로프의 개 실험과 관련이 있다. 매일 먹이
를 주기 전 종을 치면, 종소리만 들어도 개는 곧 먹이를 줄 것이
라 예상하고 침을 흘린다.

우리가 가진 습관의 일부는 고전적 조건화에 따라 형성이 된
다. 아침에 일어나면 휴대폰을 보는 습관, 컴퓨터를 켜면 가장 먼
저 이메일을 확인하는 습관 등이 여기에 해당된다.

'조작적 조건화'는 어떤 행동에 대해 선택적으로 보상하여 그
행동이 기쁨과 연결되어 있다는 것을 각인시켜 그 행동을 자주
하도록 유도하는 방법이다.

한 실험에서 원숭이에게 아무런 정보도 주지 않은 채로 버튼
을 주었다. 원숭이는 우연히 버튼을 누르게 되었고, 이 버튼을 누
를 때마다 바나나를 얻었다. 원숭이는 처음에는 눈치 채지 못했
지만 버튼을 누를 때마다 바나나를 얻을 수 있다는 것을 파악하
고, 이후에는 바나나가 먹고 싶으면 버튼을 누르는 행동을 반복
하게 된다. 이때 행동이 반복되는 것을 '강화', 먹이를 '강화물'이

라고 한다.

아이가 마트에 가서 장난감을 사달라고 떼를 쓸 때마다 장난 감을 사주면, 아이의 행동이 강화된다. 부모가 결국 장난감을 사 준다는 것이 학습되어 필요할 때마다 떼를 쓰는 확률이 높아지는 것이다. 반복적으로 어떤 행동을 할 때 결과를 고려한 것이라면 조작적 조건화에 해당된다.

운동 후에 느껴지는 개운함 때문에 주 3회 이상 운동을 하고, 명 상 후 마음이 편안해지는 것이 좋아서 매일 5분씩 아침 명상을 하 는 식이다. 즉, 좋은 습관을 키우기 위해서는 그 행동을 한 뒤의 긍 정적인 상태, 결과와 보상을 떠올리고 집중하는 것이 효과적이다.

○ 새로운 습관을 만들려면 ○

자신이 현재 가지고 있는 습관 중에 좋은 습관은 무엇이고, 나 쁜 습관은 무엇인가? 좋은 습관을 만들고 싶다면 단순히 결심만 으로는 부족하다. 습관은 호르몬, 세포와의 작용 그리고 뇌에서의 복잡한 전기 신호가 반복되면서 나타난 결과물이기 때문이다.

습관을 만드는 단계에서는 현재 뇌와 몸에 각인된 습성을 버려야 하기 때문에 강한 결심과 헌신이 필요하다.

예를 들어 매일 저녁 8시에 사이드 프로젝트를 하는 습관을 만들고자 한다. '저녁 8시'와 '사이드 프로젝트'는 것은 사실상 독립적으로 존재한다. 서로 관련이 없는 정보이기 때문에 사이드 프로젝트를 시작하려면 많은 노력과 결심이 필요하다. 그러다 매일 저녁 8시에 사이드 프로젝트를 시작하고 반복하면 뇌의 세포와 신호들이 연결되기 시작한다.

'저녁 8시'와 '사이드 프로젝트'가 연결되어 하나의 덩어리가 되면 뇌에 각인되어 노력이 줄어들어도 저절로 할 수 있는 단계가 되고, 결국에는 애쓰지 않아도 습관처럼 할 수 있는 상태에 이르게 된다.

우리의 뇌는 놀랍게도 이런 인위적인 노력을 통해 일궈낸 변화에 항상 적응될 준비가 항상 되어 있다. 뇌의 신경가소성(Neuroplasticity)은 새로운 조건 또는 환경을 통해 뇌가 스스로 신경 회로를 바꾸는 능력으로, 새로운 상황이나 환경의 변화에 반응하고 적응할 수 있게 한다. 즉, 뇌는 결심과 반복적인 노력이 합쳐지면 새로운 습관을 만들 수 있도록 준비되어 있는 것이다.

신경가소성에는 2가지 종류가 있다. '경험 기반의 신경가소성'과 '자신이 주도하는 신경가소성'이다. '경험 기반의 신경가소성'은 무의식적으로 하는 경험이 반복되어 뇌가 그 경험에 맞게 재구성되는 것이다. 보통 이런 습관은 수동적으로 만들어지는 경우가 많다. 예를 들어 긴장하면 손톱을 물어뜯는 습관이라던지, 앉으면 다리를 떠는 습관 같은 것이다.

'자신이 주도하는 신경가소성'은 습관을 통해 얻는 보상 혹은 긍정적인 기분을 위해 의식적으로 노력해 만드는 것이다. 예를 들어 매일 건강식을 먹고 운동하는 습관, 미팅을 할 때 미리 준비하는 습관 등이 여기에 속한다.

새로운 습관이 만들어지는 원리를 알았으니, 어떻게 하면 좋은 습관은 내 옆에 두고 나쁜 습관은 멀리 할 수 있는지 알아보자.

○ 좋은 습관을 내 것으로 만들고,
나쁜 습관은 바꾸는 법 ○

습관을 바꾸기 어려운 이유는 무엇일까? 우리의 신경 시스템은 행동을 관찰하고 그에 따른 도파민 혹은 화학물질을 뇌에서 만들어낸다. 만약 뇌가 어떤 행동 패턴이나 행동과 만족의 연결고리를 발견하면, 그 연결고리를 잘 저장해둔다. 그리고 이것으로 감정 혹은 기억을 만들어낸다. 어느 특정한 냄새를 맡으면 고향 생각이 나거나, 어떤 음악을 들으면 예전 기억이 떠오르는 현상은 뇌가 그 2개의 행동과 만족의 연결고리를 잘 저장해 두었기 때문이다.

연결고리가 저장되는 곳은 의식적으로 의사결정을 하는 곳이 아닌 무의식인 행동을 관장하는 곳이다. 그래서 습관을 바꾸기 힘들다. APSU대학의 심리학과 교수 데브라 로즈 윌슨(Debra Rose Wilson)은 미국의 건강 매체 〈헬스라인(healthline)〉에서 다음 3가지 요소를 통해 습관이 형성된다고 말했다. 바로 신호, 활동, 보상이다.[5]

(신호) 시간이 남는다.
(활동) 인스타그램 피드를 본다.
(보상) 도파민이 만들어진다.

또 다른 예를 보자. '일을 하다가 막힌 느낌이 든다(신호) → 밖으로 나가 담배를 피운다(활동) → 담배를 피면 잠시나마 어려운 상황에서 벗어난 기분이 든다(보상)' 이 활동이 반복되면 뇌에서 하나의 덩어리로 인식하게 된다. 이 연결된 활동이 반복되면, 뇌에서 하나의 덩어리로 저장되어 일을 하다가 잘 풀리지 않으면 습관처럼 담배가 피우고 싶어지는 것이다. 우리의 거의 모든 습관은 이 3가지 요소로 형성되어 있다.

여러 개의 활동이 연결된 덩어리들이 모여 습관이 되고, 이 습관이 정체성이 된다. 누구나 자신의 정체성을 더 긍정적으로 발전시키길 원한다. 변화는 습관 개선에서 시작되므로, 나쁜 습관을 개선하고 싶다면 무의식적으로 한 활동을 되돌아볼 필요가 있다.

· 왜 그 행동을 무의식적으로 하게 되었을까?
· 더 건강한 습관으로 대체할 수 있는 방법이 있을까?

그래서 일기를 쓰는 것일지도 모른다. 기록은 일상을 돌아보고 '왜'에 대한 질문을 가장 구체적으로 대답할 수 있게 한다. 신호, 활동, 보상 3가지 연결고리가 어떻게 만들어졌는지 분석하고 생각해 보는 계기를 만들 수 있다.

새로운 것을 시도해보고 어떻게 느끼는지 기록해보자. 무의식적으로 행했던 나쁜 습관들이 다시 나올 수도 있지만, 의식적으로 변화를 주어야 한다. 이를 통해 느껴지는 즐거움에 집중하고 반복하려는 노력이 필요하다. 반복적인 활동이 무의식의 영역에 들어가는 순간, 자신이 원하는 좋은 습관을 갖게 될 것이다.

좋은 습관을 내 것으로 만들고, 나쁜 습관을 바꾸는 방법을 정리하면 다음과 같다.

1. 나쁜 습관을 건강한 습관으로 대체한다.

만약 매일 6시에 술 한잔을 마시는 게 습관이 되었다면, 술이 아니라 탄산수, 혹은 제로콜라로 바꿔보는 것은 어떨까? 시간이 남을 때마다 인스타그램 피드를 보는 것이 습관이라면, 인스타그램 대신 전자책을 열어 보는 것으로 대체해보자.

2. 작게 시작해 빌드업해 나간다.

운동하는 습관을 만들고 싶을 때 가장 많이 하는 실수가 '매일 하루에 1시간씩 운동하겠다'는 무리한 계획을 세우는 것이다. 하루에 1시간 산책부터 시작해보는 것은 어떨까? 산책이 습관이 된 다음에는 그 습관을 운동으로 바꾸는 것은 어렵지 않다.

3. 습관을 시작하기 쉽게 환경을 설정하라.

만약 일기 쓰는 것을 습관화하고 싶다면 일기장과 펜을 침대 옆에 두자. 만약 운동하는 습관을 만들고 싶다면, 운동에 필요한 옷과 도구를 담는 가방을 마련해 최소한의 노력으로 운동을 시작할 수 있도록 만들자.

4. 좋은 습관을 가지고 있는 자신을 상상하라.

연구 결과에 따르면 달리고 있는 자신의 모습을 구체적으로 상상하면, 실제로 달리는 것과 비슷한 뇌 자극이 온다고 한다. 달리기를 마친 후 상쾌함 등과 같이 달리기를 습관화했을 때 얻을 수 있는 장점이 있다면 그것을 생생하게 그려보자. 좋은 습관을 내 것으로 만들기가 훨씬 쉬워질 것이다.

새해를 맞이할 때마다 31%의 사람들이 새로운 계획을 세운다. 그중 단 35%만 2개월 이상 습관을 유지하고, 다시 그중에서 19%만이 2년 이상 계획을 지켜 습관을 만든다고 한다. 이처럼 습관을 버리거나 새로운 습관을 가지는 것은 쉽지 않다.

씨앗이 나무가 되가 위해서는 적당한 토양, 양분, 일조량, 비가 있어야 하는 것처럼 습관이 자리 잡기 위해서는 적절한 타이밍과 환경이 필요하다. 그런데 살면서 완벽한 타이밍과 환경을 만들 수 없으므로, 우리가 할 수 있는 일은 최대한 많은 씨앗을 뿌리고, 씨앗을 키우기 위해 환경을 개선해 나가는 것이다.

다음 예시처럼 현재 가지고 있는 습관(집/회사 또는 아침/점심/저녁)을 쓰고 점검해보자.

집

· 매일 아침 침구 정리를 깔끔하게 하는가?

· 매일 아침 명상을 하는가?

· 건강을 위해 어떤 아침 습관을 가지고 있는가?

회사

· 잠시 틈이 나면 인스타그램 피드를 아무 생각 없이 보는가?

· 발표할 때 말을 더듬는가?

· 의자에 앉아 다리를 떠는 버릇이 있는가?

자신이 원하는 긍정적인 변화는 무엇인지 생각하고, 바꾸고 싶은 습관과 발전시킬 부분을 적어 내려가다 보면 자신에 대해 더 잘 이해할 수 있을 것이다. 모든 변화의 시작은 현재 상황을 파악하는 것이다.

혼자서 사이드 프로젝트를 진행하는 가장 쉬운 방법은 사실 습관으로 만드는 것이다. 습관이 정착되면 항상 자연스럽게 그 일을 찾게 된다. '다음 프로젝트는 무엇으로 할까?' 생각하면서 들떠 있는 자신을 발견하게 될 수도 있다. 항상 사이드 프로젝트를 옆에 두고 살 수 있도록, 하고 싶은 일에 더 많은 시간을 할애할 수 있는 환경을 구축할 수 있게 되기를 바란다.

리셋 버튼
누르기

02

솔직히 인정하자. 익숙한 관성을 깨고, 다른 방향으로 가기 위해서는 용기가 필요하다. 자신의 생활습관 또는 상태가 만족스럽다면 변화가 필요 없을 수도 있다. 하지만 우리 대부분은 변화를 추구한다.

작게는 다이어트를 해야지, 담배를 끊어야지, 새로운 외국어를 배워야지, 운동을 규칙적으로 해야지, 크게는 직장을 이직해야지, 연봉을 올려야지, 사업을 시작해야지 등 무엇을 할지 그리고 언제, 어떻게 시작해야 하는지도 고민한다.

그래서 새해가 되면 새로운 결심을 한다. 새 학기를 시작하거나, 첫 출근을 하거나, 새로운 달이 시작될 때처럼 새로운 시점이 되면, 우리는 좀 더 목표 지향적이 되고, 미래를 긍정적으로 그리게 되기 때문이다.

행동과학자들은 '새로운 시작 효과'를 가장 큰 결과를 낼 수 있는 변화의 순간이라고 말한다. 이 효과는 어떤 순간에 변화를 추구하는 자신의 능력을 매우 긍정적으로 평가하는 경향이다. 그래서 기존의 환경, 사람, 습관은 그대로지만, 새해나 새로운 주간이 시작된 것처럼 자신도 새로워져 더 강인하고 굳건해졌다고 믿게 된다는 것이다.

나 역시 시애틀로 이사를 와서 처음 살기 시작했을 때 새로운 시작 효과에 빠져 있었다. 왠지 모를 자신감에 차서 '나는 마음만 먹으면 다 해낼 수 있어' 하면서 체중 감량 목표를 무리하게 잡았다. 지킬 수 없는 운동과 식단관리 계획으로 인해 좌절하는 날이 늘어났지만, 새로운 달이 시작될 때마다 다시 할 수 있다는 생각을 반복했다.

진전 없이 시간을 보낸 어느 날, 일본 경제학자이자 기업인 오마에 겐이치의 '인간을 바꾸는 3가지 방법'이라는 글이 떠올랐다. 인생을 변화시키려면 '시간을 다르게 쓰거나, 사는 곳을 바꾸거나, 새로운 사람을 만나는 방법'이 전부라는 내용이다. 변화는 그만큼 힘든 것일까? 직접 시도해보는 수밖에 없었다.

이후, 시애틀에서의 생활을 정리하고 보스턴으로 떠나게 되었다. 보스턴에서 새롭게 시작하면서 리셋 버튼을 누르고 싶었다. 올해 이루지 못한 목표는 내년 1월 1일부터 다시 시작하면 되지만 '사는 곳과 직장, 만나는 사람'들을 한 번에 바꾸는 것은 다시 찾아오기 힘든 기회였다. 어렵게 찾아온 변화인 만큼 이번 기회에 실패하면 다음 기회가 오는 것이 쉽지 않을 거라는 생각이 들었다. 이번 기회를 전략적으로 이용하여 변화에 성공해야만 하는 이유였다.

○ 한 번은 달라져라!
내가 원하는 삶의 방향이 아니라면 ○

내가 시애틀에서 보스턴으로 거주지를 옮긴 이유는 직장 때문이었다. 디즈니에서 구글로 옮기는 시기였는데, 이직은 도박에 가까운 것이었다. 디즈니 매니저에게 이직 의사를 밝히자, 그는 시니어 디자이너로 진급을 시켜주겠다면서 이직을 만류했다.

나는 그 제안을 저버리고 구글로 옮겼다. 내 자신을 믿지 못했다면 결코 할 수 없는 결정이었다. 그 이유는 구글의 제안이 '1년 계약직'이었기 때문이다. 디즈니에서의 일은 매우 안정적이었지만, 구글에 간다면 1년 이후 내 미래는 불투명했다. 1년 동안 내 능력을 증명해내야 한다는 압박감이 있었고, 구글에서 풀타임으로 전환되지 않으면 낙동강 오리알 신세가 될 것이 뻔했다.

시애틀에서 내 커리어는 앞으로 나아가고 있는 듯했으나 상승하지는 못하고 있었다. 안정적이라는 장점도 있지만, 당시 내 커리어에서 안정을 추구할 때가 아닌 것만은 확실했다. 몸이 고되고 흰머리가 나더라도 커리어를 쌓기 위해 더 노력하고 싶었다.

커리어를 상승 곡선으로 바꾸기 위해서는 변화가 필요했다. 디즈니에서 나름 인정을 받으면서 올라가고 있었지만, 큰 변화가 절실한 시점이었다. 계약직이라는 리스크가 컸지만 사는 곳, 만나는 사람, 하는 일을 바꾸자고 마음을 먹었다.

변화에 자신을 밀어 넣었는데 노력하지 않으면 '하이 리스크 하이 리턴'이 아니라, 리스크만 높고 잃는 게 더 많아질 가능성이 높다. 하이 리스크를 하이 리턴으로 바꾸기 위해서는 실력을 인정받아야 했다.

리셋 버튼은 누르기로 결정했으니, 어떻게 변화를 만들어 나갈 것인가가 중요했다. 완전히 통제할 수 있는 내 몸의 변화부터 만들어 나가기 시작했고, 몸과 정신이 건강해지면 일을 하는 데 더 많은 에너지를 쏟을 수 있을 거라 생각했다.

보스턴에 도착한 후, 새로운 삶을 시작한 순간부터 나는 어떤 변화든 만들 수 있을 것 같았고, 해낼 수 있을 것 같았다. 하지만 '새로운 시작 효과'는 길지 않기 때문에 기존의 관성에서 벗어나 어떻게 시간 관리를 하고, 원하는 바를 끝까지 밀고 나갈 수 있는지를 고민했다.

당시 나는 혼자였기 때문에 목표를 방해하는 요소는 아무것도 없었다. 계획을 방해하는 것은 오직 나 자신의 게으름이었다. 내가 강해서 변화에 성공하는 게 아니라, 변화에 성공하면 강한 사람이 되는 것이고 실패하면 약한 사람이 된다고 생각했다.

보스턴에 정착하자마자 고강도의 인터벌 운동인 크로스핏을 시작했다. 처음에는 퇴근 후에 운동을 갔는데 효과적이지 않은 것 같아 아침 6시로 시간을 바꾸었다.

6주간 매일 운동을 하면서 철저하게 식단 관리를 한 결과 10kg를 감량하고 목표를 달성할 수 있었다. 특별한 일이 없을 때는 식단을 지키고 운동 스케줄을 무조건 따랐다. 체력이 좋아지면서 정신도 맑아지는 느낌이었다. 그렇게 내가 원하는 변화에 점점 가까워지는 자신을 발견할 수 있었다.

몸무게 감량과 건강한 생활 습관은 변화의 시작이었다. 조금 가벼워진 몸보다 더 좋은 것은 결심하고 노력하면 실현할 수 있다는 자신감이었다. 다이어트에 성공한 것처럼 다른 일도 잘해낼 수 있을 것 같았다.

이직을 하기까지 많은 고민을 했기 때문에 건강한 몸과 정신을 만들고, 커리어를 상승 곡선으로 바꾸기 위해 노력했다. 이 모든 노력들은 단 하나의 의도로 향해 있었다. 내가 내린 결정을 옳은 결정으로 만들기 위해서였다. 언제나 좋은 결정을 하고 싶지만, 결정을 내리는 당시에는 그 결과를 가늠할 수 없다. 시간이 지난 뒤에, 결과가 좋으면 좋은 결정이 되고 실패하면 잘못된 결정이 되는 것이다.

1년 후 나는 구글과 페이스북으로부터 풀타임 근무 제안을 받았다. 구글에서 1년간 계약직으로 일한 시간 동안 내 커리어에서 가장 좋은 디자인 포트폴리오를 만들 수 있었다. 이 포트폴리오로 페이스북에 지원했을 때 면접관은 100점 만점에 100점이라 말했고, 구글에서 나를 뽑은 매니저는 다른 사람들에게 디자인 포트폴리오의 좋은 예를 설명할 때 내 포트폴리오를 사용한다고 했다. 지금 생각해보면, 당시 내린 결정은 옳은 것이었다. 노력이 내 결정을 옳은 결정으로 만들어 주었다. 열심히 하지 않았으면 절대 옳은 결정이 되지 못했을 것이다.

리셋 버튼을 누르기는 사실 쉽지 않다. 새해가 시작될 때, 매달 1일이 시작될 때, 매주 월요일마다 우리는 작은 리셋 버튼을 누르지만, 변화되기 이전의 모습으로 이내 돌아와 자책하기도 한다. 큰 리셋 버튼을 누르기 위해 하는 일, 사는 곳, 만나는 사람을 한꺼번에 바꿀 수는 없다. 빈약한 의지와 행동력에 좌절하는 일이 반복되고 있다면 어떻게 해야 할까?

○ 한 번 더 시도하라 ○

변화는 쉽지 않은 일이다. 뇌가 작동하는 방식과 생물학적인 구조는 기본적으로 안정을 추구하려고 한다. 현재 상태를 유지하고 아무 일도 일어나지 않으면 그대로 만족할 수 있다. 하지만 이 정도의 만족감으로 삶의 보람을 느끼기에는 한계가 있다. 불만족스러운 부분이 경제적인 부분이든, 커리어적인 부분이든, 관계에서 오는 부분이든 삶에서 개선할 사항은 항상 존재한다.

삶에서 변화를 이끌어내는 방법은 조금씩 그리고 한 번 더 시도하는 것이다. 하루하루가 모여 일주일이 되고, 일주일이 모여 한 달이 되듯, 하루 30분만이라도 시도해보면 결국 변화된 자신을 발견할 수 있다. 변화는 하루 이틀 열심히 살았다고 만들 수 있는 것이 아니라, 꾸준히 묵묵하게 해야 이룰 수 있다.

변화가 어려운 것은 당신만이 아니다. 통계에 따르면 새해 계획을 세운 사람들 중에 20%만이 끝까지 지킨다고 한다.[6] 이 결과를 다르게 해석해보면 5회의 변화를 시도하면, 그중 한 번은 성공한다는 의미. 변화를 이끌어내지 못하고 실패했다고 하더라도 괜찮다. 통계적으로도 5회의 시도 중 4회는 실패하기 때문이다.

중요한 것은 지속적으로 시도하는 것이다. 시도하지 않으면 변할 수도 없고, 성공할 수도 없다. 만약 실패했다면 그 이유를 구체적이고 객관적으로 분석하여 다음에는 어떻게 변화할 수 있는지 고민해야 한다. 목적을 달성하지 못한 사실보다 왜 실패했는지 원인을 분석하는 것이 더 중요하다.

시도하다 보면 변화에 성공한 20% 안에 들어가게 될 것이고, 이러한 변화는 나비효과처럼 더 큰 긍정적인 변화를 가져올 것이다. 원하는 것을 시도해보고 삶의 변화를 이끌어 내자.

해야만 되는
이유를 만들어라

03

나는 대학 시절 통계학 수업을 들었다. 학생들 사이에서 이 수업은 이해하기 어려워 따라가기 어렵다고 정평이 나 있었다. 시험점수가 100점 만점에 40점이 나오면 1등을 할 정도였고, 0점을 맞는 학생도 수두룩했다. 통계학과 교수님은 누구보다 통계학에 열정이 있었고, 항상 교수실에서 늦은 시간까지 공부를 하셨다. 수업시간에 한 학생이 교수님께 질문했다.

"교수님은 어려운 통계학을 어떻게 잘하게 되셨나요?"

"내가 어릴 때 수학을 잘했어. 수학을 잘하니 친구들이 나한테 어려운 수학 문제집을 들고 와서 묻더라고. 그 문제를 풀고 친구들에게 설명해주는 것이 일상이 되었고, 그게 제일 재밌었어. 내가 더 멋진 사람이 된 것 같았거든.

모두 나를 수학을 잘하는 친구라고 생각했기 때문에 수학 공부를 더 열심히 하게 됐어. 모두가 나를 그렇게 생각하는데 내가 못하면 이상해 보이잖아? 사람들이 잘한다고 하니 재미있더라고. 재미있으니 더 잘하게 되고. 통계에 대한 어떤 꿈이 있어서 이걸 처음부터 잘해야지 하고 결심한 건 아니었던 거 같아."

만약 친구들이 찾아와 어려운 수학문제를 물어보지 않았더라면, 자신의 의지만으로 수학 공부를 열심히 할 수 있었을까? 외부의 자극이 없었더라면 수학에 그 정도로 푹 빠지기는 어려웠을 것이라는 게 나의 생각이다.

우리는 매번 '열심히 해야지', '이번에는 꾸준히 해봐야지' 다짐하지만 이내 포기하고는 자신을 책망한다. 모두 의지가 부족한 탓인 것처럼 말이다. 이때는 의지와 열정만으로 목표를 달성하기란 쉽지 않다는 것을 인지하고, 자책하기 보다는 현재 환경이 어떻게 세팅이 되어 있는지 점검해볼 필요가 있다.

· 이 일을 하지 못했을 때 누군가에게 피해를 줄 수 있는가?

· 이 일을 하지 못했을 때 나의 이미지가 실추되는가?

· 이 일을 하지 못했을 때 어떤 금전적인 손해를 입는가?

이 질문에 대한 답이 모두 '아니오'일 때, 이 일을 지속해 나갈 이유는 부족하다. 이와 같은 이유로 나는 사람들이 가장 많이 세우는 목표인 '다이어트'와 '금연'에 실패한다고 본다. 다이어트와 금연에 실패한다고 해서 누구에게 피해를 주는 것도, 내 이미지가 실추되는 것도, 금전적 손해를 입지도 않는다. 그럼에도 불구하고 오롯이 자신만의 의지만으로 달성해야 한다. 그래서 우리는 다이어트와 금연에 성공한 사람을 독하다고 이야기하지 않는가.

성공 확률을 높이려면 개인의 결심만으로 부족하다. 외적 동기도 더해져야 한다. 해야만 하는 이유가 있어야 한다. 앞서 말한 사례에서 외적 동기는 지속적으로 어려운 수학 문제를 가지고 오는 친구들이었다. 통계학과 교수님은 친구들 사이에서 수학을 잘한다고 인정받고 싶고, 친구들이 가져오는 수학 문제를 함께 푸는 것이 재미있었기 때문에 힘든 순간에도 수학에 대한 열정이 식지 않을 수 있었다. 자신의 수학 실력이 늘 때마다 친구들에게 가르쳐 줄 생각에 더 신이 났을 것이다.

앞서 말했듯이 나는 기타를 잘 치는 편이고 치는 것도 좋아해서 대학 시절 실용음악과로 전향하는 것도 진지하게 고민했었다. 내가 기타를 잘 치게 된 이유는 열심히 연습하기도 했지만, 기타를 연습할 수밖에 없는 상황이었기 때문이다.

고등학생 시절 밴드생활을 했는데, 내가 합주곡을 연습해 가지 않으면 다른 악기를 연주하는 친구들에게 피해를 주는 상황이 발생했다. 베이스, 키보드, 드럼, 보컬 등 각자 시간을 내 연습해 오는데, 내가 연습하지 않고 오면 합주를 할 수 없으므로 밴드부 친구들의 시간도 허비하게 된다.

이런 일이 반복되면 게으르고 약속을 지키지 않는 기타리스트로 기억되어 이미지가 실추된다. 합주곡을 매일 연습할 수밖에 없었고 자연스럽게 기타를 잘 칠 수 있게 되었다.

또 기타를 가르쳐달라는 친구들과 후배들이 있어서, 막힘없이 체계적으로 가르쳐주기 위해 꾸준히 내 실력을 늘려갈 수밖에 없었다. 그 환경은 내가 기타를 열심히 연습해야만 하는 이유를 만들어 주었고, 덕분에 기타는 평생 함께하는 취미가 되었다.

○ 할 수밖에 없는 환경을 만드는 법 ○

아직도 목표 달성이 자신의 열정과 의지에 달려 있다고 생각
하는가? 아니면 환경을 잘 세팅하고 그 상황에 나를 던져야 한다
고 생각하는가? 누구나 계획을 세우고 실천하지 못했거나 목표
달성에 실패한 후 '내가 그렇지 뭐', '역시나 이번에도 잘 안 되네'
라는 생각을 한 적이 있을 것이다.

'열정'이 중요하지만 이것만으로는 분명 한계가 있다. 나는 이
단어가 자기계발서에서 사용하는 마케팅 용어가 아닐까라는 생
각도 든다. '내 열정은 어디에 있을까?'라는 생각은 곧 '난 의지 박
약인가 봐'로 이어질 수밖에 없다.

열정은 어떤 일을 시작할 때 초반에 나를 폭발적으로 움직이
게 하는 에너지가 될 수 있지만, 사이드 프로젝트를 성공시키기
위해서는 지속력도 필요하다.

이때 '해야만 하는 이유'를 만들면 지속력을 높일 수 있다. 환
경을 만들고 이 일을 해내지 못했을 시에는 직접적으로 피해가
오도록 설계해야 한다. 그래야 움직이고 지속적으로 실천할 수
있다. 자신의 의지만으로 목표를 이룬 사람은 상위 1% 안에 드는
경우이고, 대부분의 사람들에게는 외적 동기가 필요하다.

유명 웹툰 작가 이말년은 현재 유튜버로도 활동하고 있다. 그가 라이브 방송을 할 때 한 시청자가 "웹툰 작가로도 이름을 알리고, 나름 유튜버로도 성공하셨는데 특별한 비결이 있나요?"라고 물었다.

그는 "일단 회사를 만들었어요. 그럼 계속 일이 들어옵니다. 해야만 하는 일들이 계속 컨베이어 벨트를 타고 들어옵니다. 내가 하지 않으면 직원들 월급을 못 주고 회사도 망하잖아요. 열심히 일하고 싶으면 회사를 차리시면 됩니다. 그러면 계속 일을 할 수밖에 없어요"라고 대답했다.

이처럼 몸을 움직일 수밖에 없는 상황에 놓이면 결국 성과를 내게 된다. '내가 이것을 그만두면 금전적으로 손해를 입고 이미지에 타격을 받을 거야'라는 생각이 드는 상황을 의도적으로 만들면 성공 확률을 높일 수 있다.

리스폰서빌리티(Responsibility)와 어카운터빌리티(Accountability)의 차이점을 아는가? 두 단어 모두 '책임'이라고 번역된다. 하지만 두 단어의 뉘앙스는 다르다.

리스폰서빌리티는 '업무를 맡아 진행하고, 잘못되었을 때 그 일에 대한 책임'을 의미한다. 능동적이고, 일이 일어나기 전부터 책임을 맡는다. 하지만 어카운터빌리티는 '어떤 문제가 생겼을 때 왜 그 일이 발생했는지 설명해야 하는 책임'을 의미한다. 보통 실망스럽거나 비난을 받는 상황에서 사용된다. 정리하면 다음과 같다.

"저는 이 일을 맡아서 해야 하는 책임(리스폰서빌리티)이 있습니다. 제가 해야 하는 일은 다음과 같습니다."

"저는 이 일이 잘못된 것에 대한 책임(어카운터빌리티)이 있습니다. 일이 잘못된 이유는 다음과 같습니다."

미국에서는 '어카운터빌리티의 힘(Power of accountability)'이라는 말을 가끔 사용하는데, 이 말은 생각보다 힘이 세다. 프로젝트를 진행하다가 힘들어서 중도에 포기할 때, 잘못된 이유를 설명하거나 책임을 져야 할 때 어카운터빌리티라는 단어를 사용한다. 만약 이 일에 동료들과 거래처 등 다른 사람들이 결부되어 있다면, 그들에게 자초지종을 설명해야 한다. 다른 사람들의 실망하는 표정을 보면서 사과하고, 자신의 능력이 부족해 보이는 것을 원하는 사람은 아무도 없다.

반면 다른 사람을 실망시키는 것보다 자신을 실망시키는 것은 쉽다. 잠시 '나는 부족한 사람인가 봐'라는 자책을 하지만, 누군가에게 사과를 하거나 금전적으로 보상을 하는 등의 대가가 따르지 않는다. 혼자 진행하는 사이드 프로젝트의 실패율이 높은 이유다. 다른 사람과 함께 프로젝트를 진행하고, 어카운터빌리티 파트너를 만들면 실패율을 줄일 수 있을 것이다. 이게 바로 어카운터빌리티의 힘이다. 다음 방법을 시도해보자.

1. 상황과 환경을 파악하자.

만약 이 일을 실패하면 '누구에게 피해를 주는지, 나의 이미지가 실추되는지, 금전적으로 손해를 입는지'를 분석하고, 그렇지 않다면 '현재 상황과 환경이 나를 움직이도록 만드는 방법'을 생각해보자. 변화는 정확한 분석에서 시작된다.

2. 왜 해야 하는지 납득해야 한다.

"무조건 해"라는 말은 사실 지속력이 부족하다. 일주일은 할수 있어도 한 달, 1년을 억지로 하기는 어렵다. 가끔 본업 또는 사이드 프로젝트를 할 때 톱니바퀴가 딱 맞아떨어지듯이 순조롭게 잘 진행된다는 느낌을 받는 순간이 있다. 이것은 자주 느낄 수 있는 감정이 아니고, 나와 잘 맞는 환경에서 미래를 바꿀 수 있다는 믿음이 생길 때 할 수 있는 경험이다. 나는 이런 순간을 경험하게 하는 프로젝트가 당신의 미래를 바꿀 수 있다고 믿는다.

그래서 자신이 왜 이것을 해야 하는지에 대해 납득이 가야 한다. 이 기준은 '타인'이 아닌 '나'의 목표와 가치여야 한다. 그 이유가 오래도록 지속할 수 있는 동기와 원동력이 되기 때문이다.

3. 다른 사람과 함께하라.

운동을 시작하고 싶다면, 함께 운동할 동료를 찾아보자. 목표를 공유하고 서로 동기부여를 해주는 운동 파트너를 만나면 더 꾸준히 할 수 있다.

무언가를 더 잘하고 싶다면 이미 성공을 거둔 사람을 찾아가 멘토가 되어달라고 부탁하라. 그들은 소중한 경험과 지혜를 공유해줄 것이다. 다른 사람이 내 프로젝트에 동참하게 되는 순간, 어카운터빌리티의 힘이 발휘되어 더 진지한 자세로 임하게 될 것이다.

사이드 프로젝트를 진행하면서 포기하고 싶은 순간이 올 때 또는 반드시 성공하고 싶은 사이드 프로젝트가 있다면 '해야만 하는 이유 만들기'와 '할 수밖에 없는 환경 세팅하기' 2가지는 매우 유용할 것이다.

'열심히 해야지'라는 혼자만의 다짐보다 '이걸 잘해서 내 가족이 돈 걱정을 하지 않는 시스템을 만들 거야', '이걸 잘해서 나를 지켜보는 사람들에게 다시 신뢰감을 줄 거야'라는 동기가 나를 더 적극적으로, 한 번 더 움직이게 하기 때문이다. 내가 뛰지 않으면 '지금까지 투자한 돈이 모두 사라질 수 있다는 위기, 주위 사람들에게 무능력자로 각인될 수 있는 창피함'이 의지를 굳건하게 만든다.

인간은 환경에 영향을 많이 받는다. 도서관에서 밤늦게까지 공부를 하고, 회사에서 일에 집중이 되는 것도 같은 장소에서 나를 둘러싼 사람들이 열심히 움직이고 있기 때문이다. 다른 말로 하면, 환경은 인간을 만든다. 그리고 인간은 환경을 만들 수 있다.

통계적으로 증명된 우리의 약한 의지를 인정하고, 환경을 설정하자. 개선은 인정에서부터 출발한다.

핑계를 일삼는
사람들의 흔한 착각

나는 어릴 때부터 기타를 쳐왔다. 기타를 가르쳐달라고 하는 많은 친구들에게 어쭙잖은 실력으로 가르쳐 주었지만, 그 가운데 지금도 기타를 치고 있는 사람은 극소수다. 그들 모두 처음 배우기 시작할 때의 열정은 남달랐다. 기타를 구매하고, 연습을 하면서 많은 시간을 보냈다. 그러나 날이 갈수록 그들의 열정은 조금씩 꺼져갔고, 그들의 기타는 거실의 장식품이 되었다.

주변에 무언가 잘하는 사람이 있으면 자연스럽게 영향을 받게 된다. 사진을 멋지게 찍거나, 기타를 잘 치거나, 주식 투자로 돈을 잘 버는 사람이 있으면 자신도 그 능력을 갖고 싶은 마음이 생긴 다. '나도 저 사람처럼 잘할 수 있겠지?' 하면서 장비를 구입하고, 어떻게 배울지에 대한 계획도 세운다. 막 시작했을 때는 열정과 설렘이 함께하며 퇴근하는 발걸음이 가벼워진다.

그러나 어느 순간 어려움에 봉착하게 된다. 활동의 난이도가 올라갈수록 어려운 문제를 해결해야 하고, 이 문제를 풀기 위해서는 그 시간을 견뎌내야 한다.

이때 많은 사람들이 무너진다. 스스로 시작하고 진행한 일이니 점점 멀리하게 되고, 더 쉬운 일들(유튜브 시청이나 게임 등)을 하며 시간을 보낸다. 하루 종일 일터에서 시달리고 온 뇌를 달래서 다시 난이도가 올라간 사이드 프로젝트를 진행하는 것은 결코 쉬운 일이 아니다. 우리의 뇌는 변화를 달가워하지 않는다. 뇌가 하는 흔한 핑계와 해결방법을 알아보자.

핑계 1. 나는 이걸 할 만한 능력이 없어.

프로젝트를 꾸준히 혼자서 진행하다가 하지 않는 날이 점점 늘어난다. 짧게는 며칠에서 몇 주까지 프로젝트를 하지 않고 넘어가기도 하는데, 그 이유를 모두 자신의 능력을 탓으로 돌리고 포기해 버리는 것이다.

예를 들어 일주일에 3회 이상 운동을 하겠다고 결심했다. 한 달간은 꾸준히 일주일에 3회 이상 운동했지만, 다음 달은 일주일에 1회 운동하는 것도 힘들다. '나는 게으른가 봐', '나는 운동을 꾸준히 할 만큼 의지가 강하지 못해'라는 자책을 하며 약속을 어기는 자신을 미워하게 되고, 결국 자신의 능력을 의심하게 된다.

의지 박약으로 어려움에 봉착했을 때 가장 좋은 방법은 '나에겐 능력이 없어', '하기 싫어'라고 하기 전에 몸을 먼저 움직여 버리는 것이다. 할까 말까 하는 생각이 들기도 전에, 뇌가 반응하기 전에 일을 시작하자. '아침에 일어나면 10초 안에 바로 침대에서 나오는 거야' 혹은 '저녁밥을 먹고 나면 무조건 프로젝트를 시작할 거야'라고 다짐하는 것이다. 달리기를 할 때 호각소리를 듣고 주저하지 않고 출발하듯이, 신호가 오면 바로 시작하는 것이다. '시작이 반이다'라는 말처럼 이미 시작을 해버리고 나면 그다음은 술술 풀리게 되어 있다. 내가 좋아하는 일이고 이미 시작을 했다면, 그다음은 어렵지 않을 것이다.

핑계 2. 노력에 비해서 성과가 좋은 거 같지 않아.

예를 들어 취미로 서핑을 배우기 시작했는데 근육통으로 온몸이 아프고, 실력이 좀처럼 늘지 않으면 '이거 해서 뭐하지?'라는 생각이 든다. 사이드 프로젝트의 마지막 목표를 선명하게 그리기 힘든 경우 이런 마음이 들기 더 쉽다. 사이드 프로젝트에 요구되는 노력이 많아질수록 성과나 보상이 얼마나 있는지 생각해보게 되기 때문이다.

이런 어려움에 봉착했다면 목표 설정을 다시 해보자. 최종적으로 원하는 것이 무엇인지, 이 사이드 프로젝트를 통해서 무엇을 얻고자 하는 것인지 생각해보면 도움이 된다. 그러면 실력이 정체되어 있다고 느끼는 순간에도 최종 목표를 이룬 본인의 모습을 상상하면서 이 시기를 돌파할 수 있다.

최종 목표가 만약 다른 사람이 결부가 되어 있다면 더욱 좋다. 영어를 배우는 사람이 외국인 이성 친구와 영어로 대화하는 것을 목표로 세우거나, 드럼을 배우는 사람이 공연을 목표로 연습해볼 수 있다.

핑계 3. 이걸 할 만한 시간 혹은 에너지가 없어.

예를 들어 매일 6시 정시 퇴근 후에 1시간 동안 소설을 쓰기로 결심했다. 그런데 야근하기를 은근히 강요하는 새로운 상사가 부임해 와서 매일 더 늦게 퇴근할 수밖에 없는 상황이 되었다. '소설을 쓰고 싶어서 겨우 시간을 비운 건데 한동안 못하겠네'라고 생각할 수도 있다.

하지만 생각해보자. 우리 모두는 늘 시간이 없다. 따라서 진짜 '시간이 없다'기 보다는 우선순위의 문제일 수 있다. 다른 사람의 하루는 24시간이고, 나의 하루만 10시간이 아닌 이상 '시간이 없다'는 말은 '이 일을 처리하기에 다른 일들이 너무 급해'라는 의미다. 이를 해결하기 위한 해결방법은 원인에 따라 다음과 같이 달라진다.

첫째, 본업이 바빠진 경우이다.

본업에서 진행하는 프로젝트의 마감기한이 가까워져서 야근을 해야 하거나, 새롭게 조직이 변경되어 평소보다 본업에 더 시간을 투자해야 하는 경우가 생길 수 있다. 이때는 유동적인 접근이 필요하다.

만약 퇴근 후 저녁 시간을 사이드 프로젝트에 사용할 수 없다면, 주말에 시간을 할당할 수도 있다. 또는 다음 날 출근 압박이 없는 금요일 저녁을 이용해도 좋다.

디즈니에 이직한 당시 브런치에 글쓰기 활동을 이어가고 싶었다. 그러나 새로운 직장에 적응해야 했기 때문에 평일에 글을 쓰는 것은 쉽지 않았다.

그래서 매주 금요일 오후 4시를 글 쓰는 시간으로 정했다. 시간이 되면 그 한 주의 일을 마무리하고 주말을 맞이하는 기분으로 글을 썼다. 이처럼 필요 없는 것들은 최대한 하지 않고 중요한 것에 집중하여 새롭게 시간 분배를 하면, 시간이 부족해서 오는 어려움을 해소할 수 있다.

둘째, 사이드 프로젝트에 흥미가 떨어져 우선순위에서 밀린 상태다.

'해도 되고 안 해도 된다'는 것은 사이드 프로젝트의 장점인 동시에 단점이 된다. 포기한다고 해서 큰 불이익이 없다.

이때는 사이드 프로젝트를 진행하지 않으면 손해를 보는 환경으로 세팅해보자. 과거, 내가 에어비앤비 사이드 프로젝트를 할 때 투자한 금액이 적지 않고, 대출로 인해 매월 나가는 금액이 있어 움직이지 않을 수 없었다. 이직 역시 부지런히 준비하지 않으면 연봉 상승의 기회를 놓칠 수 있는 불이익이 있었다. 이처럼 할 수밖에 없는 환경으로 세팅해두면 저절로 우선순위가 된다. 의지를 강화시키는 장치들을 활용해보자.

핑계 4. 이 일을 다른 사람들이 안 좋게 평가할 것 같아.

예를 들어 당신이 사이드 프로젝트로 유튜브를 시작했다. 영상 몇 개를 업로드하고 떨리는 마음으로 구독자들의 반응을 기대하고 있는 찰나에, 직장 동료가 "유튜브 봤어요. 영상 재미있던데요?" 하면서 말을 걸어왔다. 예상치 못한 반응이라 부끄러워서 사이드 프로젝트에 대한 회의가 밀려올 수 있다.

다른 예로, 기타를 배우기 시작했는데 여자친구가 연주를 부탁했다. 초보 실력으로 최선을 다했지만 연달아 실수를 해서 얼굴이 달아올랐다.

건강한 몸을 만들려고 헬스장에 등록했는데, 주변 사람들은 모두 몸이 좋다. 비교되는 내 몸을 보고 사람들이 비웃는 것 같은 기분이 들었다.

재미있는 사실 하나는 모든 사람이 초보 시절을 보낸다는 것이다. 유명 유튜버도 인플루언서도 구독자 0명부터 시작한 것이고, 세상에서 제일 기타를 잘 치는 기타리스트도 처음엔 코드 하나 잡는데 어려움을 겪었을 것이며, 조각 같은 몸매를 가진 사람도 턱걸이 하나 못하는 시절이 있었을 것이다.

지금 내 실력이 부끄럽다고 하더라도 실력자들의 초보 시절을 떠올리면서, 나 역시 언젠가 실력자가 될 수 있을 것이라고 생각해야 한다. 그리고 어느 정도 수준 이상에 오르면 초보자들에게 도움을 주며 뿌듯함을 느낄 수 있을 것이다.

크로스핏을 시작했을 때 많은 사람들의 도움을 받으면서 깨달은 점이 있다. 대부분 사람들의 몸이 좋았기 때문에 함께 운동할 때면 내 몸과 체력이 부끄럽기도 했는데, 그들은 나에게 조금이라도 더 운동을 가르쳐주고 싶어했고, 나를 응원해 주었다. 고수들이 내 현재 실력을 비웃을 것 같아서 초라하게 느껴질 수 있지만, 고수들은 초보가 잘 되기를 응원한다는 사실을 기억하자.

모든 사람은 실패를 경험한다. 시도하고 도전했어도 중간에 포기하는 것은 당신만이 아니다. 전 미국 대통령 버락 오바마(Barack Obama) 역시 금연에 도전했으나 여러 번 실패하고, 2013년에 결국 담배를 끊을 수 있었다고 한다. 나 역시 실패할 때마다 앞서 소개한 핑계들을 돌아가면서 댔다.

사진을 전문적으로 배워 사진집을 내고 싶었지만 그렇게 하지 못했고, 운동을 평생 습관으로 만들고 싶어 아직도 노력 중이다.

누구나 실패할 수 있지만, 실패에서 배우는 것이 있다면 실패에 머물러 있지 않을 수 있다. 실패할 때마다 댄 핑계를 떠올리고 분석해보면, 어떤 타입의 핑계로 자주 넘어지는가를 알 수 있고 실패의 문턱에 왔을 때 마음을 다잡을 수 있다. 일이 벌어진 후에 대처하는 것도 중요하지만, 생길 수 있는 변수나 핑계에 대비할 수 있도록 계획을 세워보는 것도 좋은 방법이다.

누구나 변화를 쉽게 만들고 싶어 한다. 운동을 일주일에 한 번만 해도 몸짱이 되고, 가끔 피부 관리를 해도 타고난 것처럼 피부가 매끄러워졌으면 좋겠다고 생각한다.

작은 노력은 미미한 변화만을 가져올 뿐이다. 삶에서 드라마틱한 변화를 만들려면 적지 않은 노력이 수반된다. 그 과정에서 많은 실패도 따를 것이다. 그러나 사이드 프로젝트를 하고 싶은 일들로 설정했다면, 핑계를 멈추고 계속 시도해보자. 어느새 내 삶의 일부가 되고, 원하는 목표점에 도착해 있을 것이다.

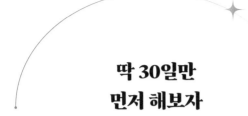

딱 30일만
먼저 해보자

05

사이드 프로젝트가 삶의 일부가 되려면 시간이 얼마나 필요할까? 전문가들은 66일 정도 꾸준히 하면, 의식해서 큰 노력을 기울이지 않아도 되는 습관이 된다고 한다. 66일은 평균적인 일수라서 삶에 정착시키는 데 2주가 걸리는 사람도 있고, 1년이 걸리는 사람도 있다. 이처럼 완전히 내 것이 되기 위해서는 습관의 종류에 따라, 사람에 따라, 환경과 조건에 따라 달라진다.

어떤 사이드 프로젝트를 선정했다면, 딱 30일만 눈 감고 진행해보자. 그리고 30일 뒤에 돌아보는 것이다.

· 이 사이드 프로젝트는 내 곁에 둘 만한 가치가 있는가?

· 30일 동안 사이드 프로젝트에 할당한 시간은 적절했는가?

· 재미가 있고, 나와 잘 맞는가?

'건강한 몸 만들기'라는 목표로 30일 동안 조깅을 했는데, 생각보다 자신과 맞지 않다는 것을 깨닫게 되었다면 실패한 것인가?

조깅을 하겠다는 계획은 실패했다고 볼 수 있으나 여기서 배울 점이 있다. 조깅이 맞지 않는다고 판단이 되면 다른 종목으로 바꾸면 된다. 나에게 맞게 방법을 수정하고 개선하면 될 일이다.

다만 그 '나랑 맞지 않는 것 같아'와 '힘들어서 못하겠어'라는 말이 동의어로 사용되면 안 된다. 하기로 마음먹었으면 최선을 다하자. 적당히 해보고 난 뒤에는 '나와 맞다, 맞지 않다'를 판단할 자격이 없다. 열심히 해 본 사람만이 '나와 맞다, 맞지 않다'를 판단할 자격이 있다.

1. 30일을 꾸준히 하는 것을 첫 목표로 잡아보자.

일대일 PT를 처음 받을 때 트레이너는 낮은 중량으로 아주 쉬운 운동부터 시킨다. 드라마틱한 변화를 급하게 만들기 보다는 운동하는 습관을 만들기 위한 전략이다. 운동하는 습관이 생기면 변화는 자연스럽게 따라오기 때문이다.

마찬가지로 사이드 프로젝트의 첫 30일은 목표를 쉽게 잡아보자. '매일 영어 공부를 3시간씩 하겠어'라는 것은 처음 시작하는 사람에게 지속하기 어려운 목표다. '매일 영어 공부를 30분 또는 1시간씩 하겠다'는 목표로 바꿔 첫 30일 동안 꾸준히 해보길 권한다. 30일은 큰 변화를 위한 시간이 아니라, 매일 해내는 것 자체에 중점을 두어야 한다.

30일간 꾸준히 하고 나면 '해보니까 되네?', '나도 할 수 있구나'라는 생각이 들면서 자신에 대한 믿음이 커진다. 나아가 시간이 걸리더라도 결국 목표를 달성할 수 있다는 자신감도 생긴다. 30일간 해냈다면, 다음 30일도 계획해보자. 어느새 사이드 프로젝트가 없는 일상이 매우 허전하게 느껴질 것이다.

2. 시간과 횟수를 정하고, 트래커에 기록하라.

아침에 일어나면 양치질을 한다. 아침에 양치질을 하는 이유가 있는가? 특별한 이유가 있어서가 아니라, 매일 아침 그 시간에 양치질을 꾸준히 해왔기 때문이다. 전날 회사에서 안 좋은 일이 있었든, 애인과 다투었든 매일 아침 양치질을 한다. 같은 시간에 같은 행동을 하는 것은 지속성에 긍정적인 영향을 준다. 시간을 계획할 때는 2가지를 생각하자.

· 얼마나 자주 할 것인가?
· 언제 할 것인가?

얼마나 자주 할 것인가를 먼저 생각해보면, 일주일 단위로 무슨 요일에 할 것인가를 정할 수 있다. 언제 할 것인가는 아침, 오후, 저녁 이 셋 중에 자신에게 가장 잘 맞는 시간을 결정하고 계획하면 된다.

지인 중 한 명은 사이드 프로젝트를 위해 달력에 표시하는 것을 넘어 휴대폰 알람까지 설정을 해둔다. 달력은 지나칠 수 있지만, 휴대폰 알람은 직접 꺼야 하기 때문에 쉽게 무시할 수 없다.

나의 경우 저녁 8시에 항상 사이드 프로젝트를 시작했다. 퇴근 후 책상에 다시 앉으면 몸도 마음도 피곤했지만, 해야 할 일이 구체적이고 명확했기 때문에 머리가 다시 맑아지는 기분이었다.

공부를 하는 경우 '공부를 시작해야지'가 아닌 '오늘 10페이지부터 20페이지까지 해야지'라는 구체적이고 실행 가능한 목표를 세웠기 때문에 할 일을 마친 후에 뿌듯함을 느낄 수 있었다.

'얼마나 자주 할 것인지, 언제 할 것인지' 정했다면 트래커를 이용하자. 복잡한 형태의 트래커가 필요한 것이 아니다. 종이 한 장에 일자별로 칸을 나누고 실천한 날짜 위에 동그라미로 표시하거나 스티커를 붙이는 방식이다.

냉장고 문, 책상 옆, 방문 앞 등 자주 볼 수 있는 곳에 붙여놓으면 표시할 때마다 실시간으로 뿌듯함을 느낄 수 있고, 표시가 하나둘 늘어날수록 프로젝트의 목표에 다가서는 것이 보일 것이다.

3. 보상 시스템을 설계하자.

내적 보상은 스스로 느끼는 보상이다. 운동을 하고 좋아진 몸을 거울로 보고 뿌듯함을 느끼는 것이다. 외적 보상은 타인 또는 외부로부터 오는 것이다. 회사에서 진행한 프로젝트에 좋은 결과를 내 받는 성과급이나, 다른 사람들로부터 몸이 좋아졌다고 받는 칭찬일 수 있다.

보상은 시간이 지난 후에 주어진다. 내적 보상의 경우 스스로 몸이 좋아진 것을 느끼려면 최소 1개월은 지나야 하고, 외적 보상의 경우에는 타인에게 인정받기까지 더 오랜 시간이 걸리고 보상받는 시간을 내가 임의로 정할 수도 없다.

따라서 사이드 프로젝트 과정에서 보상 시스템을 만드는 것이 목표 달성에 효과적이다. 진행 상황이 한눈에 파악되도록 그래프 등으로 나타내 나에게 작은 보상을 하는 것이다. 30%, 60%, 100% 달성할 때마다 멋진 저녁 식사 등 작은 즐거움을 느낄 수 있도록 하는 것이다. 자신만의 보상 시스템을 갖추어 진행하는 과정에서도 즐거움을 맛보자.

4. 변수가 생겼을 때를 대비하자.

적절하게 계획을 세워도 변수는 생길 수 있다. 컨디션이 안 좋은 날도 있고, 예상치 않은 일이 생기는 경우도 있다. 하지만 우선순위가 높은 일들로 인해 사이드 프로젝트를 할 수 없을 때마다 좌절할 수는 없다.

이런 경우를 대비할 수 있는 여유 시간이 필요하다. 예를 들어 일주일에 4회 사이드 프로젝트를 진행한다고 마음먹었다면, 그중 하루는 부족한 부분을 채우거나 좀 더 보완하고 싶은 부분에 시간을 할애하는 것이다. 또는 한 달에 한두 번은 부족한 부분을 채우는 일정으로 남겨두는 식이다.

변수가 생기지 않는데, 계획을 지키지 못하는 일이 자주 생긴다면 계획표를 점검해볼 필요가 있다. 처음에 세웠던 계획을 앞으로도 지킬 수 있는지, 무리한 계획을 세워놓고 성과를 바라는 건 아닌지 정기적인 피드백을 통해 점검해야 한다. 진행하는데 무엇이 걸림돌이 되었는지, 무엇이 도움을 주는지 체크할 필요가 있다.

단언컨대 일은 예상대로 흘러가지 않는다. 계획대로 진행되는 것이 중요한 것이 아니라, 계획을 지키려는 노력이 중요하다. 계획을 유동적으로 수정하면서 앞으로 나아가야 한다. 일이 뜻대로 흘러가지 않았을 때마다 좌절감을 느끼면, 결국 프로젝트를 놓아버리게 될 수도 있다. 고비가 올 때마다 '이건 자연스러운 거야'라고 생각하면서 수정하고 보완해 나가면 된다.

무엇이든 30일 동안은 꾸준히 해보자. 이 기간 동안은 이 사이드 프로젝트가 가장 중요하다고 생각해보자. 시간 계획을 세우고, 그 시간에 무슨 일을 할지 구체적으로 적자. 사이드 프로젝트를 시작하는 시간에 알람을 여러 개 맞춰 놓거나, 잘 보이는 곳에 트래커를 붙여놓으면 30일은 어렵지 않게 보낼 수 있다. 30일이

60일이 되고 90일이 되면, 결국 설정한 목표를 달성할 수 있게 될 것이다.

나 자신을
믿고 가라

06

우리가 좌절하는 이유는 시험에서 80점이 나올 만큼만 공부하고 100점을 기대하기 때문이다. 노력한 것보다 더 좋은 결과를 얻길 원하지만, 80점이 나올 만큼 공부하면 80점 또는 그 이하가 나오는 것이 세상의 이치다.

실패 한 번 겪지 않았을 것처럼 보이는 이들의 인생을 자세히 들여다보면 성공과 실패의 반복이었다. 《해리 포터》의 작가 J.K. 롤링(Joan K. Rowling)은 원고 투고 시 출판사에서 12회나 출간 거절을 받았고, 토크쇼의 여왕 오프라 윈프리(Oprah Gail Winfrey)

는 첫 직장에서 1년 만에 외모로 인해 해고를 당했다. 당시 그녀는 "내가 왜 이런 일을 겪어야 하는지 몰랐어요. 하지만 내 삶에서 가장 많이 성장한 시기였어요. 나를 송두리째 흔들었거든요"라고 회상했다.

누구나 일이 잘 풀릴 때도 그렇지 않을 때도 있다. 중요한 것은 이 상황을 통제하고 더 좋은 방향을 바꿀 수 있는 힘이 자신에게 있다는 것이다.

친하게 지내는 직장 동료가 연봉을 20% 올려 받으면서 이직에 성공했다. 오랜만에 만난 친구가 부동산 경매를 공부해서 최근에 집을 매입했다고 한다. 대학 동창이 직장에 다니면서 저녁에는 재즈 기타 공연을 하러 다닌다는 소문을 듣는다.

우리는 사이드 프로젝트로 성과를 낸 사람들을 보면서 부러워한다. 그들이 노력하고 실패하는 과정을 보지 못했기 때문에 '쉽게' 연봉을 올리고, 부를 쌓고, 오랜 꿈을 이룬 것 같기 때문이다. 하지만 좋은 결과를 얻을 만한 자격을 갖추기 위해 노력했다는 것을 잊지 말아야 한다. 내가 힘겹게 목표를 향해 나아가는 것처럼, 다른 사람들도 오르막과 내리막을 거치며 끝까지 밀어붙였을 때 성과를 얻게 되는 것은 분명하다. 이 책의 마지막은 당신의 사이드 프로젝트에 대한 응원으로 마무리하고자 한다.

"자기 자신을 믿어라."

이 말은 어쩌면 너무 식상할 수 있다. 하지만 이론과 실제는 다르기 때문에 실전에서 자신을 믿지 못하는 사람들이 많다. 사람은 믿는 만큼 보고 움직일 수 있다.

예를 들어 80kg의 스쿼트를 10개 할 수 있다고 믿으면, 그 믿음은 추가적인 힘을 동원하여 실제로 10개를 해내는 데 도움을 준다. 사이드 프로젝트를 통해 부가 수입을 얻으려 한다면 언젠가 통장에 상당한 금액이 축적될 것이라 믿어야 한다.

과거의 성공 경험은 자신감을 올려준다. 성공의 크기와는 상관없다. 성공했던 경험을 떠올리면서, 나에게는 다시 이 프로젝트를 끝까지 밀어붙일 힘이 있다고 생각하자. 단 한 번만이라도 사이드 프로젝트를 성공시키면, 다음 프로젝트를 성공시키기는 훨씬 수월하다.

나와 비슷한 상황에 있었던 사람들과 대화해보자. 그들과의 이야기를 통해 생각한 것보다 목표를 달성하는 것이 그리 어려운 일이 아니며, 대단한 에너지나 노력이 필요하지 않다는 사실을 깨달을 수 있다. 내가 못할 이유가 없다는 것을 깨닫는 순간, 다른 사람들이 해낸 일을 나도 할 수 있다는 것을 알게 된다.

"사이드 프로젝트에 성공한 자신의 모습을 상상하라."

먼저, 사이드 프로젝트를 통해서 어떤 것을 이루고 싶은지 생각해보자.

지금 모습보다 더 나은 모습이 될 거라고 확신하는가?

사이드 프로젝트를 진행하면서 방해가 될 만한 것은 무엇인가?

시간 부족, 에너지 고갈, 외부의 간섭 등이 있다면, 이러한 상황에 대처하기 위한 계획을 세워보자. 시간 부족 문제에 대비해 정해진 시간을 효율적으로 활용하거나, 외부 간섭을 최소화하기 위해 집중할 수 있는 환경을 조성하는 방법 등이다.

이런 상상과 계획들은 사이드 프로젝트를 추진하기 위한 원동력이 되고, 자신에게 삶에 변화를 가져올 만한 능력이 있다고 확인할 수 있는 계기가 된다.

다음에는, 문제없이 잘 진행되었던 사이드 프로젝트를 떠올리거나, 매일 사이드 프로젝트를 성공적으로 진행하는 자신의 모습을 상상하자.

사이드 프로젝트를 하면서 어떤 것을 느꼈는가?

주위 사람들의 반응은 어떠했고, 어떤 보상을 받았는가?

과거 성공한 경험을 구체적으로 상상해보면, 앞으로 진행할 사이드 프로젝트도 긍정적인 마음으로 임할 수 있다.

마지막으로, 사이드 프로젝트를 마치고 나서 달라진 모습을 상상하자.

자신의 모습을 어떤 방향으로 더 멋있게 만들었는가?

삶을 원하는 방향으로 이끈 자신의 이상적인 모습은 어떠한가?

세계적인 F1 드라이버들은 경기 직전에 경주 코스의 각 코너를 도는 모습을 상상하는 훈련을 한다고 한다. 각 코너 진입 시 필요한 각도, 브레이크 압력, 그리고 코너를 벗어날 때의 전략을 생생하게 그리며 경기에 대비한다. 이런 상상 훈련은 실제 경기를 준비하는 데 많은 도움을 준다.

이것은 삶의 다른 측면에서도 적용 가능한 원리다. 크게 상상하면 큰 변화를 이룰 수 있고, 작게 상상하면 작은 변화를 가져올 것이다. 상상은 우리의 행동과 결정에 영향을 미치며, 그것이 현실 세계에서 변화를 이끌어낼 수 있다.

자, 이제 사이드 프로젝트를 시작할 준비가 되었는가? 이 책을 덮고 몸을 움직일 준비가 되었는가? 행동만이 답이다. 흔히 말하는 '노력이 부족해'라는 말을 하고 싶은 것이 아니다. 다만, 당신의 노력이 충분하다고 느끼는 순간, 세상도 당신을 지원하게 될 것이다. 환경, 노력, 성취, 목표, 주위 사람들 모든 것이 톱니바퀴처럼 맞물려가는 순간 환희를 느끼게 될 것이다. 그리고 이러한 변화는 반드시 미래에 어떤 형태로든 영향을 줄 것이다.

모든 것을 준비하고 시작하겠다고 생각하면 아무것도 시작하지 못하게 된다. 그래서 일단 시작하는 것이 중요하다. 당신의 작은 시작에 응원을 보낸다. 이 작은 시작이 큰 변화의 출발점이 되길 바란다.

에필로그

어린 시절, 나는 한 가지에 집중하지 못하는 아이였다. 태권도를 조금 배우다가 그만두고 합기도를 시작했고, 조금 지나니 또 흥미가 떨어졌다고 부모님을 보채 궁중무술 학원에 다녔다. 부모님은 항상 한 가지에 집중하지 못하고 계속 싫증을 내는 내 성향 때문에 걱정하셨다.

그러나 이런 꾸준하지 못함이 결국 내가 삶에서 원하는 바를 추구할 수 있는 기회로 이어졌다. 한 가지에 집중하고 깊이 파고 들어가는 것도 경외할 만하지만, 나에게는 다양성을 추구하는 삶의 자세가 더 잘 맞다고 느낀다.

삶에서 맞고 틀린 것은 없다. 우리는 모두 다른 성향과 관심사를 가지고 있으며, 이는 존중받아 마땅하다. 중요한 것은 자신의 성향을 이해하고 여기에 맞게 사는 것이다.

나는 다양한 경험을 통해 삶을 더 풍요롭게 만들고 싶었다. 사이드 프로젝트를 진행하고 새로운 지식을 얻는 것이 즐거웠다. 사람들은 나에게 취미 부자라고 부르기도 하고, 이것저것 얇게 아는 지식 덕분에 박학다식하다는 칭찬을 해주기도 했다.

사는 곳 역시 지난 10년 동안 미국 동부, 서부의 4개의 도시에 이사를 다녔고, 지금은 스위스에 살고 있다. 대부분 이직으로 인해 이사를 했지만, 새로운 환경에서의 도전은 두려움보다 설렘을 주었다.

결국 어린 시절부터 가지고 있던 내 성향은 다양한 거주지와 경험으로 이어져왔다. 이런 다양한 경험과 관심이 내 무의식 안에 작용하는 것처럼, 당신의 삶에서 큰 결정을 내릴 때마다 작용하는 무의식은 무엇인지 돌아보자.

과거를 돌아보고 그때마다 무엇에 끌려 의사결정을 했는지 떠올려보자. 그 무의식의 줄기를 따라가 보면 자신이 어떤 것을 좋아하는 사람인지 알 수 있고, 그 좋아하는 것에 이끌려 한 선택이 현재 자신을 만들었다는 것을 알 수 있다. 유교 경전《대학(大學)》 제7장에는 다음과 같은 구절이 있다.

心不在焉 視而不見 聽而不聞 食而不知其味

마음에 없으면 보아도 보이지 않고,

들어도 들리지 않으며, 먹어도 그 맛을 알지 못한다.

즉, 마음이 없으면 앞에 있어도 보이지 않는다. 누구에게나 지향성이라는 것이 있다. 실연을 당한 후에 영화를 보러 가면 영화관에 앉아 있어도 영화 내용이 기억나지 않는다. 또한 내 집 마련이 간절한 상황이라면, 평소 보이지 않던 근방에 있는 모든 부동산 광고가 보이기 시작한다.

이런 지향성이라는 것은 우리의 몸과 마음을 그쪽 방향에 두게 만든다. 그리고 그쪽으로 알게 모르게 향하게 된다. 길을 만들어가는 게 아니라, 돌아보니 그 길이 만들어져 걸어오게 된 것이다.

당신의 지향성은 어디에 있는가. 나의 지향성은 삶의 다양성을 추구하고 존중하는 데에 있었기 때문에 본업 하나로만 모든 것을 만족하면서 살 수는 없었다. 그래서 평소 관심이 있던 주제로 사이드 프로젝트들을 진행했고, 그 시간들이 지금의 내 모습을 만들었다. 각자 자신의 지향성을 찾아보길 바란다. 그러면 생각대로 삶을 이끌어 나갈 수 있을 것이다.

삶은 마치 배를 타고 항해하는 것과 같다. '지향성'이라는 키를 잡고 내가 가고자 하는 방향으로 나아가지만, 가끔 풍랑과 같은 어려움을 만나 원하지 않는 방향으로 우회해야 될 수도 있다. 그러나 계속해서 내가 원하는 방향으로 나아가다 보면, 원하는 정확한 지점은 아니더라도 근처에 도착할 수 있다.

결국 아름다운 해안가에서 따뜻한 햇살을 맞이하며, 행복하고 즐거운 삶을 살 수 있기를 바라며, 끝까지 읽어준 여러분에게 깊은 감사의 말씀을 드린다.

마지막으로, 책 작업을 함께한 편집자님 그리고 집필하면서 많은 영감과 피드백을 준 아내에게도 감사의 말을 전한다. 사이드 프로젝트를 통해서 바뀔 당신의 미래가 기대된다. 자, 이제 시작하자!

미주

1   https://medium.com/the-year-of-the-looking-glass/how-to-think-about-your-career-abf5300eba08

2   https://www.mindtools.com/aznjntj/mcclellands-human-motivation-theory

3   https://www.youtube.com/watch?v=67Vp7fTgQ3g

4   https://www.verywellmind.com/classical-vs-operant-conditioning-2794861#:~:text=Classical%20conditioning%20involves%20associating%20an,conditioning%20involves%20no%20such%20enticements

5   https://www.healthline.com/health/the-science-of-habit#1

6   https://psychologycompass.com/blog/reaching-goals

미래는 저녁 8시에 결정된다

1판 1쇄 인쇄 2023년 11월 13일
1판 1쇄 발행 2023년 11월 20일

지은이 한승헌
발행인 오영진 김진갑
발행처 토네이도미디어그룹(주)

책임편집 박수진
기획편집 유인경 박민희 박은화
디자인팀 안윤민 김현주 강재준
마케팅 박시현 박준서 조성은 김수연
경영지원 이혜선

출판등록 2006년 1월 11일 제313-2006-15호
주소 서울시 마포구 월드컵북로5가길 12 서교빌딩 2층
원고 투고 및 독자 문의 midnightbookstore@naver.com
전화 02-332-3310 팩스 02-332-7741
블로그 blog.naver.com/midnightbookstore
페이스북 www.facebook.com/tornadobook
인스타그램 @tornadobooks

ISBN 979-11-5851-280-4 (03190)

토네이도는 토네이도미디어그룹(주)의 자기계발/경제경영 브랜드입니다.

이 책은 저작권법에 따라 보호를 받는 저작물이므로 무단전재와 무단복제를 금하며,
이 책 내용의 전부 또는 일부를 사용하려면 반드시 저작권자와 토네이도의 서면 동의를 받아야 합니다.

잘못되거나 파손된 책은 구입하신 서점에서 교환해드립니다.
책값은 뒤표지에 있습니다.